A neurose obsessiva no feminino

A neurose obsessiva no feminino

Elisa Alvarenga

Coleção Almanaque do Instituto de Psicanálise de Minas Gerais

Relicário

Dados Internacionais de Catalogação na Publicação (CIP) de acordo com ISBD

A473n

Alvarenga, Elisa

A neurose obsessiva no feminino / Elisa Alvarenga. - Belo Horizonte, MG : Relicário, 2019.
128 p. ; 13cm x 19cm. – (Coleção Almanaque do IPSM-MG)

Inclui bibliografia e índice.
ISBN: 978-85-66786-98-9

1. Psicanálise. 2. Clínica psicanalítica. 3. Neurose obsessiva. I. Título. II. Série.

2019-1290 CDD 150.195
CDU 159.964.2

Elaborado por Vagner Rodolfo da Silva - CRB-8/9410

COORDENAÇÃO EDITORIAL Maíra Nassif Passos
CAPA E DIAGRAMAÇÃO Caroline Gischewski
REVISÃO ORTOGRÁFICA E GRAMATICAL Lélia Duarte
REVISÃO DE NOTAS E REFERÊNCIAS Luiz Morando

RELICÁRIO EDIÇÕES
Rua Machado, 155, casa 1, Colégio Batista | Belo Horizonte, MG, 31110-080
relicarioedicoes.com | contato@relicarioedicoes.com

SUMÁRIO

A COLEÇÃO ALMANAQUE DO INSTITUTO DE PSICANÁLISE DE MINAS GERAIS

O Instituto de Psicanálise e Saúde Mental de Minas Gerais (IPSM-MG) adotou o nome Almanaque, em sua primeira publicação, há quase duas décadas. Na época, uma espécie de jornal, no formato de um almanaque. Tal como esse informativo tradicional, o Almanaque do Instituto trazia as notícias do trabalho com a psicanálise no cotidiano da instituição – na Seção Clínica e no recém-criado Curso de Psicanálise. Ele publicava artigos dos professores, dos alunos e dos participantes do Instituto, se constituindo em um modo de destacar as notícias importantes, de informar e divulgar o saber produzido e sistematizado pela comunidade analítica presente no IPSM-MG.

Posteriormente, o Almanaque tornou-se uma Revista virtual, publicando artigos não somente dos colegas do Instituto em Minas Gerais, mas de outros lugares do Campo freudiano. Hoje, o Almanaque on-line é um periódico com publicação semestral e temática, com grande acesso de leitores. Além de divulgar a produção nas diversas instâncias do Instituto, ele publica, também, os textos que servem de referência para orientar o desenvolvimento do trabalho no Instituto, em cada semestre.

No ano de 2012 uma nova publicação impressa foi realizada com o nome de Almanaque: a Edição especial "O que o Ateliê de psicanálise aplicada nos ensina". Essa publicação originou-se de uma conversação realizada na conclusão da 1ª Turma do Ateliê de Psicanálise Aplicada do IPSM-MG, no final do ano de 2011. Os coordenadores do Ateliê – Antônio Beneti, Ana Lydia Santiago e Sérgio Laia – promoveram uma Conversação com os participantes do Ateliê, e seus resultados foram publicados nessa Edição Especial do Almanaque – uma referência para o trabalho da psicanálise nas instituições.

Acompanhando a produção teórica no Instituto desde seu início, o termo Almanaque tem sido importante para a instituição. Um almanaque tem a característica de reunir as informações e as notícias mais importantes sobre um tema. No nosso caso, a psicanálise. Portanto, nada mais indicado que tomarmos esse significante que nos é tão caro para a nova Coleção do IPSM-MG.

A Coleção Almanaque do Instituto de Psicanálise de Minas Gerais nasce com o objetivo de realizar publicações, no formato de pequenos livros, a partir do trabalho de investigação e sistematição, realizado no IPSM-MG, em torno de algum tema instigante da clínica psicanalítica. Por isso, inauguramos nosso primeiro número com a contribuição de Elisa Alvarenga "A neurose obsessiva no feminino".

Elisa Alvarenga ministrou aulas no Curso de Psicanálise do IPSM-MG no módulo sobre Neurose Obsessiva nos anos de 2018 e 2019. A partir de suas leituras e investigações sobre o tema, ela pôde localizar a atualidade, pertinência e importância dessa modalidade de neurose para a clínica psicanalítica em nosso tempo.

Elisa Alvarenga parte da afirmação de Lacan, proferida nos anos 1970, de que não é certa a existência, hoje, da histeria, mas se ainda existe uma neurose, esta é a obsessiva. Em sua pesquisa, Elisa Alvarenga toma uma dupla orientação: ela investiga a neurose obsessiva nas mulheres e a relação dessa neurose com o gozo feminino, num mundo onde se verifica a queda do falocentrismo.

A autora realiza um percurso na neurose obsessiva, destacando o sintoma obsessivo na clínica de Freud, inicialmente. Com os pós-freudianos, discute os casos de neurose obsessiva em mulheres e a leitura de Lacan desses casos onde ele destaca a estratégia obsessiva. Elisa Alvarenga nos esclarece, a partir da investigação clínica na atualidade, porque essa forma de neurose foi considerada, por Lacan, a neurose contemporânea por excelência.

É com muita alegria que a direção do IPSM-MG inaugura essa nova coleção: trata-se de um passo além na publicação sistematizada do saber produzido no interior da instituição. "A neurose obsessiva no feminino" de Elisa Alvarenga, lança luz nessa forma enigmática e cada vez mais atual de lidar com o real do gozo no ser falante.

Maria José Gontijo Salum
Diretora-geral do IPSM-MG

AGRADECIMENTOS

À Diretoria do Instituto de Psicanálise e Saúde Mental de Minas Gerais, especialmente a Graciela Bessa, que me convidou a dar aulas sobre a neurose obsessiva e aceitou minha proposta de programa; e a Maria José Gontijo, que acolheu sua publicação, abrindo esta nova coleção.

A Márcia Rosa, leitora cuidadosa e interlocutora precisa, pelas questões, sugestões e incentivo à publicação, que resultaram no prefácio que a apresenta.

A Lélia Duarte, que me transmitiu o gosto de viver, pela aposta, generosidade e disposição constantes, muito além da leitura e correção de todo o material.

A Luiz Morando, pela orientação e organização das notas e referências.

Aos colegas da Associação Mundial de Psicanálise, especialmente a Esthela Solano, Graciela Brodsky, Ram Mandil e Luis Tudanca, cujas contribuições, citadas ao longo deste trabalho, me permitiram elaborar e avançar nesta pesquisa.

A M. Jacques-Alain Miller, pela presença que dá lugar ao trabalho.

Ao Mike, pelo apoio e incentivo a todos os meus projetos.

E finalmente, à Carol, que me transmite todos os dias sua força, coragem e determinação.

PREFÁCIO

De Freud a Lacan, a psicanálise mudou! Ao propor que o Édipo é o sonho não interpretado de Freud, Lacan deixa para trás os mitos freudianos do pai, lidos como produtos da neurose, e busca logicizar a psicanálise. Depois de afirmar que, através do recurso ao mito, o que se ordena é a relação do neurótico com a hiância introduzida por uma relação que não há, ele reformula o campo da neurose com o aforismo "a relação sexual não existe".

Nesse mesmo horizonte, é de consenso que não existem mais as histéricas de antigamente. Posto que a histérica não vai sem o Outro, na medida em que esse Outro muda no decorrer dos tempos, as manifestações da histeria também mudam. As histéricas contemporâneas nos convocam a nos deslocarmos dos tempos do Outro para os tempos do Um, do Um-sozinho com a iteração do seu modo de gozo.

Portanto, a psicanálise mudou! As histéricas não são mais as mesmas da época de Freud! O próprio campo da neurose foi reformulado! E a neurose obsessiva? Continuaria a mesma?

Seria pertinente interrogarmos por onde andarão os obsessivos de outrora, os homens dos ratos, os...? Ainda operamos em um horizonte marcado pelo senso comum de que a histeria está para as mulheres assim como a neurose obsessiva está para os homens? Ou leríamos algumas manifestações clínicas como histeria em homens e neurose obsessiva em mulheres? No campo da neurose obsessiva em homens caberia interrogarmos a entrada do que Lacan mencionou como o não-todo fálico, algo que abriria para a presença do feminino? Como verificá-lo? A literatura freudiana sobre a neurose obsessiva, com o caso paradigmático do Homem dos Ratos, ainda nos orienta para a clínica da neurose obsessiva contemporânea? Ou, nos limites do que aí se produziu, encontramos Lacan e o campo no qual ele nos permite adentrar a partir do relato dos testemunhos de passe das análises de sujeitos obsessivos, homens e mulheres, que atravessaram o percurso de uma análise de orientação lacaniana?

É em um horizonte marcado por essas indagações que encontramos o livro *A neurose obsessiva no feminino,* no qual Elisa Alvarenga, sua autora, se serve de sua extensa experiência clínica bem como de uma pesquisa bibliográfica rica e interessante, para nos acompanhar em um instigante horizonte de discussão clínica.

Do texto, cuja leitura recomendo, destaco quatro pontos cuja discussão me pareceu estimulante e atual.

De início, a interrogação se a neurose obsessiva seria a neurose contemporânea por excelência. Nos termos de Elisa, a frequência dos sintomas obsessivos e a prevalência dessa neurose na contemporaneidade pode ser pensada nos seguintes termos: quanto menos a significação fálica funciona para dar lugar ao desejo, mais o significante fálico se presentifica como imperativo de gozo. Assim, no lugar da hipermoralidade conflituosa do sujeito com os seus impulsos sexuais da época vitoriana, temos a culpa de não gozar o suficiente, característica da época em que o discurso da ciência tem como aliado o discurso capitalista.

Um segundo ponto a destacar diz do modo como o feminino se instala na neurose obsessiva, ou seja, do encontro com o não-todo fálico realizado pelo obsessivo sob transferência. Diz ela: para concluir uma análise, um sujeito obsessivo do sexo masculino deve poder ir além da compulsão fálica, da fantasia oblativa e da fantasia escópica, onde já se coloca uma relação com o Outro gozo. Este pode ser devastador e se fixar em uma mulher que encarna a voz do supereu. É preciso ir além, tanto do gozo cínico quanto do gozo narcísico de fazer existir A mulher. Por isso, o final da análise exige ao sujeito masculino um confronto com o gozo feminino e maneiras de saber-fazer-aí com esse gozo Outro, presente, não somente na mulher como parceira, mas nele mesmo para além da medida fálica.

Depois de percorrer algumas referências fundamentais sobre a neurose obsessiva em mulheres em Freud, nos pós-freudianos e no primeiro ensino de Lacan, um terceiro ponto a destacar é a localização da neurose obsessiva em relação ao gozo fálico e, sobretudo, em relação ao gozo feminino. Neste contexto, Elisa reabre o debate clínico, bastante interessante, segundo o qual a histeria estaria para as mulheres assim como a neurose obsessiva para os homens. Ela nos mostra como alguns psicanalistas são categóricos quanto à não existência de uma neurose obsessiva na mulher, outros pensam que esses seriam casos extremamente graves, exigindo o diagnóstico diferencial com a psicose; outros, ainda, a diferenciam de uma neurose infantil localizando tardiamente o seu desencadeamento. Para esses últimos, sobre os quais a leitura proposta por Elisa se desdobra, a neurose obsessiva feminina seria uma resposta sintomática ou fantasmática, desencadeada por situações específicas relativas às vicissitudes das experiências do sujeito principalmente em relação ao amor, ao desejo e ao falo.

Ao dar à neurose obsessiva feminina, em alguns casos, o estatuto de sintoma, concebendo-o como uma vestimenta, uma roupagem encobridora, Elisa nos apresenta uma releitura bastante original de um caso clássico de neurose obsessiva em uma mulher, caso apresentado por Freud na sua Conferência "O sentido dos sintomas". Trata-se de uma mulher cuja neurose opera no sentido de assegurar a potência fálica do marido, de modo a manter o seu valor como objeto de desejo dele. Com sua resposta sintomática, um ritual obsessivo, ela salva o marido e garante para si um assento fálico de modo a não ser aspirada pela devastação.

No entanto, esse caso não se torna um paradigma a partir do qual leríamos outras manifestações obsessivas femininas. Ali onde a paciente de Freud se garante e garante a potência fálica do marido, na neurose obsessiva feminina de Maurice Bouvet, um caso clássico comentado por Lacan, o ódio do homem e a destruição das insígnias de potência estão no primeiro plano. A imagem fálica sofre aí uma derrisão obscena e a estratégia em relação ao desejo do Outro se torna o elemento central: ela se caracteriza pelo esvaecimento e a afânise do desejo; embora destruindo o desejo do Outro, é o seu próprio desejo que o sujeito ataca. Ao retomar os comentários de Lacan sobre a obsessiva feminina de Bouvet, Elisa permite ao leitor perceber com clareza que, para Lacan, o falo é algo diferente de um acessório de poder, ele é a mediação significante que simboliza o que acontece entre o homem e a mulher, ou seja, a não relação sexual.

Helen Deutsch está entre aqueles que apresentaram casos de neuroses obsessivas femininas, tal como Elisa o retoma. Dois casos são considerados: em um deles, para o qual o diagnóstico de psicose foi postulado, a análise libera a paciente de seu sofrimento, mas não chega a lhe dar o prazer de viver nem a liberar sua sexualidade recalcada. Isso se mostra na medida em que os ritos obsessivos são substituídos por orações e penitências, bastante compatíveis com sua escolha por tornar-se freira. Tal recusa da sexualidade e tal necessidade de expiação permanecem inabordáveis pela psicanálise, assim como distintas da experiência mística, tal como pensada por Lacan em afinidade com o gozo feminino.

No outro caso, com seis meses de análise a analisante sai sem sintomas, mas não muda de caráter, assinalando a presença de um real que não muda no sujeito, de algo real da fantasia que não se atravessa. A questão clínica proposta por esse caso nos leva a destacar um quarto ponto no percurso feito sobre o tema, a saber, o estatuto e o destino do que denominamos 'caráter' no tratamento analítico. Essa questão dá ao texto passagem para resgatar um interessante testemunho de passe, feito por uma analisante que se autodiagnosticou como obsessiva, a partir do qual se torna possível aproximar o caráter e o *sinthoma*, os restos sintomáticos produzidos no final dos percursos de análise.

Enfim, com sua leitura, Elisa Alvarenga nos coloca diante de manifestações da neurose obsessiva feminina que se apresentam como uma resposta sintomática que encobre uma posição histérica; de manifestações que operam como uma estratégia de anulação e destruição frente ao desejo do Outro e, finalmente, como algo relativo ao caráter, um resto produzido pela travessia da fantasia, um elemento da ordem do real.

Obsessivos ou histéricos, uma questão nos fica: em que medida a neurose ainda seria um paradigma clínico da nossa contemporaneidade?

Márcia Rosa
Belo Horizonte, abril de 2019

INTRODUÇÃO

As elaborações sobre a neurose obsessiva no feminino aqui apresentadas são fruto de uma pesquisa realizada sobre a neurose obsessiva nas mulheres, por um lado, e a relação da neurose obsessiva com o gozo feminino, por outro[1], tendo como horizonte uma discussão sobre a queda do falocentrismo e suas consequências para a psicanálise[2].

A afirmação de Lacan[3], nos anos 1970, de que não é certo que a histeria ainda exista, mas que, se há uma neurose que existe, trata-se da neurose obsessiva, coloca-nos diante da pergunta: haveria, na contemporaneidade, uma tendência à apresentação da histeria sob

1 Durante seis aulas ministradas no módulo sobre a Neurose Obsessiva do Curso do Instituto de Psicanálise e Saúde Mental de Minas Gerais, no primeiro semestre de 2018.

2 Tema proposto por Eric Laurent para o XXII Encontro Brasileiro do Campo Freudiano, ocorrido no Rio de Janeiro, em novembro de 2018.

3 LACAN, 1978/1979, p. 219.

a forma do dialeto, como dizia Freud, da neurose obsessiva, que assim se tornaria mais frequente nas mulheres? Haveria diferenças entre a neurose obsessiva em homens e em mulheres? Como essas diferenças se relacionariam ao falo e à sua queda?

Partindo da relativa abundância de sintomas obsessivos descritos por Freud em suas pacientes, somos levados a diferenciar esses casos – nos quais algo da estrutura da histeria permanece sob a capa de sintomas obsessivos – de casos em que prevalece a estratégia obsessiva, assim como de outros em que ressalta um caráter obsessivo, mais ou menos congruente com a estrutura da fantasia.

Lacan, em sua leitura dos pós-freudianos, ensina-nos, sobretudo, sobre a direção do tratamento na neurose obsessiva. Sua leitura de um caso de Maurice Bouvet permanece paradigmática de como essa estrutura pode se manifestar em uma mulher. Já a leitura de Serge Cottet dos casos de Freud e dos pós-freudianos ajuda-nos a interrogar o diagnóstico diferencial entre a psicose e casos graves de neurose obsessiva descritos em mulheres, tais como dois casos relatados por Helen Deutsch.

Na segunda parte deste percurso, interessei-me pela relação entre a neurose obsessiva e o não-todo do gozo feminino, assim como pelas várias formas de sua apresentação e tratamento. A orientação lacaniana nos permite acompanhar, ao longo do ensino de Lacan, como as compulsões, o desejo de morte, a fantasia oblativa e sobretudo a fantasia escópica se transformam sob transferência. E interrogar se os neuróticos obsessivos podem ir além do "princípio da consciência", com o qual Lacan os caracteriza ao final de seu ensino, apontando seu especial apego ao imaginário e sua dificuldade em consentir com a abertura do inconsciente.

Assim, se a forma de amar "erotomaníaca", na obsessão, nos permite entender o que a neurose obsessiva tem de uma posição feminina, o final da análise nos permite ver como cada Analista da Escola, através do dispositivo do passe inventado por Lacan, vai além do impasse localizado por Freud na fantasia fálica, em direção a uma posição não-toda fálica, e sua maneira singular de fazer aí com o que não cessa de se escrever em sua posição sinthomática: modo de gozo e de funcionamento, com o qual ele terá que se haver.

1.
OS SINTOMAS OBSESSIVOS NAS MULHERES

A clínica das neuroses e das psicoses, sob uma perspectiva psicanalítica, tem sofrido vários tipos de ataque, um dos quais foi o desaparecimento da histeria como entidade clínica do DSM-IV (Manual Diagnóstico e Estatístico norte-americano) e da CID-10 (Classificação Internacional das Doenças). Conforme nos diz Luiz Renato Gazzolla, a neurose sobreviveu, nessas classificações, sob a forma dos "transtornos obsessivo-compulsivos" (TOC) e dos "transtornos de personalidade obsessiva" (ou anancástica), ainda próximos da entidade clínica originalmente descrita por Freud. No entanto, os termos utilizados nos manuais diagnósticos psiquiátricos e o conceito de neurose obsessiva empregado pelos psicanalistas não se superpõem, pois se referem a recortes clínicos diferentes e a referenciais diversos[4]. É assim que os chamados TOC são

4 GAZZOLLA, 2002, p. 9.

apresentações sintomáticas que podem recobrir diferentes estruturas.

Os sintomas hoje descritos como parte do transtorno obsessivo-compulsivo e da personalidade obsessiva foram postulados por Freud como resultantes de mecanismos de defesa semelhantes: isolamento, anulação e formação reativa. Quando predominam o isolamento e a anulação como defesas, temos a produção de sintomas obsessivos e compulsivos; quando predomina a formação reativa, temos os traços de caráter obsessivo, tais como a preocupação com a ordem, a avareza, a obstinação e a rigidez emocional[5].

Lacan, em 1978, antecipava: "Não é certo que a neurose histérica ainda exista, mas há certamente uma neurose que existe, que é o que chamamos neurose obsessiva"[6]. Se a histeria foi elevada por Lacan à categoria de discurso, a neurose obsessiva, descrita por Freud como um dialeto da histeria, seria a neurose contemporânea por excelência, consequência de uma certa relação do sujeito com o discurso capitalista no mundo atual. Frente ao declínio da função paterna enquanto autoridade e diante de um Outro que se revela inconsistente, os sujeitos se identificam e se coletivizam sob certos S_1 que nomeiam modos de gozo sob os quais sujeitos histéricos, divididos, se alojam,

5 *Ibidem*, p. 10.

6 LACAN, 1978/1979, p. 219.

identificando-se a um traço que tampa sua divisão subjetiva e lhes impõe diversas formas de compulsão: amorosa, toxicômana, alimentar, para comprar, endividar-se, etc. O imperativo de gozo leva a novas formas sintomáticas que podem ser pensadas como novas roupagens para a neurose.

A questão é, portanto, se podemos situar a clínica atual dentro do que chamamos de queda do falocentrismo, já que ela configura uma nova apresentação do falo, com maior dificuldade, pelos sujeitos, de subjetivação da castração e, consequentemente, de dar sentido aos seus sintomas. Trata-se, bem mais, de uma clínica do uso dos sintomas, ou seja, de sua função de amarração do gozo.

Temos o hábito de falar da histeria no feminino e da neurose obsessiva no masculino. Podemos entender isso a partir das fórmulas do desejo masculino e feminino avançadas por Lacan em "Observação sobre o relatório de Daniel Lagache"[7]: $\Phi(a)$ e $\not{A}(\varphi)$. A mulher, castrada, busca o falo no homem, no corpo do homem: $\not{A}(\varphi)$. Já o homem, portador do falo, faz da mulher o objeto *a* causa do seu desejo: $\Phi(a)$. Podemos assim entender as afinidades da neurose histérica com a mulher e da neurose obsessiva com o homem, a partir das formulações de Freud e Lacan do sujeito histérico e

7 LACAN, 1960/1998a, p. 690.

obsessivo nas suas relações com o Outro e com o objeto na fantasia.

Para Freud, "é indubitável que a histeria tem maior afinidade com as mulheres, assim como a neurose obsessiva tem com os homens. (...) A perda do amor desempenha na histeria um papel semelhante à angústia ante o supereu na neurose obsessiva"[8]. Lacan raramente faz objeção a essa dissimetria, mesmo se ele diz que o histérico não é obrigatoriamente uma mulher, nem o obsessivo obrigatoriamente um homem[9]. Realmente, nem todo homem subjetiva o porte do falo e nem toda mulher subjetiva a castração. Ser o falo é mesmo uma etapa no atravessamento do Édipo ou na operação da metáfora paterna, releitura por Lacan do Édipo freudiano. Em nossos tempos de declínio do Nome do Pai, como pensar a histeria e a obsessão com relação à repartição entre homens e mulheres? Haveria um borramento entre as estruturas, assim como das diferenças entre o homem e a mulher? E mais, ainda: haveria uma especificidade da neurose obsessiva feminina?

Existem psicanalistas categóricos a esse respeito: a neurose obsessiva não existiria na mulher. Outros pensam que os casos de neurose obsessiva em mulheres seriam extremamente graves, exigindo o diagnós-

---

8 FREUD, 1926/2018a, p. 87.

9 LACAN, 2006/2008, p. 371.

tico diferencial com a psicose. Um exemplo seria um caso de Helen Deutsch cujos sintomas fazem pensar, inicialmente, em um estupor catatônico, antes que a análise os dialetize, sob transferência[10].

Não faltam exemplos de sintomas obsessivos em mulheres na clínica freudiana. No entanto, eles são, na maioria dos casos, sintomas superpostos à histeria como estrutura mesma da neurose. Como propõe Serge Cottet[11], a partir do momento em que Freud faz da neurose obsessiva um dialeto da histeria, devemos poder colocar em função na história de uma neurose feminina sintomas notoriamente obsessivos, tais como rituais, defesas e obsessões, por ocasião de momentos cruciais da história da neurose em uma mulher. É o caso do exemplo escolhido por Freud nas Conferências Introdutórias à Psicanálise, citado na Conferência XVI, "O sentido dos sintomas"[12].

Antes de nos determos no comentário deste caso, trago um exemplo de nossa experiência na interface da psicanálise com a psiquiatria, que mostra como essa sintomatologia coloca dificuldades diagnósticas na contemporaneidade.

Maria inicia um quadro obsessivo compulsivo, com lavagem de mãos e banhos várias vezes ao dia.

---

10 DEUTSCH, 1992a, p. 281-299. Retomado no terceiro capítulo.

11 COTTET, 2011, p. 85.

12 FREUD, 1916/1976.

Ao contrário dos casos de desencadeamento precoce e evolução crônica descritos nas classificações, Maria desencadeou seu quadro aos 45 anos, em uma conjuntura precisa: o suicídio de seu filho mais velho. À primeira vista não apresenta um desencadeamento ligado a uma causa sexual, como nos casos de sintomas obsessivos em mulheres relatados por Freud. Ao contrário, ela parece defender-se, através de suas compulsões, de uma vontade de morrer que ameaça instalar-se logo após a perda do filho idealizado. Medicada com um antidepressivo, apresenta melhora dos sintomas obsessivos, mas passa a comparecer às consultas munida de uma "sacola de sobrevivência".

Maria viveu na rua durante quatro anos, em sua adolescência, até ser acolhida, educada e empregada por pessoas que lhe deram um lugar no mundo. Abandonada pelo pai em sua primeira infância, foi igualmente abandonada aos seis anos de idade pela mãe, que a entregou a um casal de fazendeiros e desapareceu. Maria fugiu de casa aos doze anos, em busca de sua mãe, e passou a viver na rua. Essa é a tentação que se apresenta neste momento, ante a perda súbita do filho. Nossa pergunta pelo sentido dos seus sintomas vai permitir isolar, finalmente, uma causa sexual. Maria, que teve uma boa vida sexual com o marido no início do casamento, deixou de ser buscada por ele e se refugiou em uma organização obsessiva, negando que esse homem lhe fizesse falta. Ela não deixa de manifestar, através de outras defesas obsessivas, sua raiva pela ausência de desejo sexual no marido, tanto quanto sua indignação por ter sido abandonada pela mãe.

Embora a gravidade do caso exija a medicação dos sintomas, para que a paciente possa prosseguir sua vida – manter sua família e seu trabalho – devemos estar atentos a sua causa, seu sentido e sua função. Eles foram desencadeados em uma situação traumática de perda, e constituem uma defesa da paciente diante da falha de sua organização obsessiva habitual.

Em seu texto "A disposição à neurose obsessiva"[13], Freud divide os determinantes patogênicos envolvidos na neurose entre aqueles que uma pessoa traz consigo para a vida, e aqueles que a vida lhe traz – o constitucional e o acidental. Freud acreditava então que os motivos que determinavam a escolha da neurose eram do primeiro tipo e tinham o caráter de disposições, sendo independentes de experiências que operariam patogenicamente. Essas disposições corresponderiam a inibições do desenvolvimento libidinal, com fixações em determinadas fases do desenvolvimento.

Freud traz, no entanto, um caso que ameaça contradizer sua proposição, segundo a qual a escolha da neurose seria independente da experiência. Ele se verá obrigado a levar em conta a experiência, ou seja, a contingência, os maus encontros do sujeito. Sua paciente

13 FREUD, 1913/1969.

apresentou inicialmente uma "histeria de angústia", quando soube que era impossível ter filhos do marido estéril, seu único objeto de amor. Temos aqui também uma perda. O marido reagiu neuroticamente à decepção da mulher, ficando impotente nas relações sexuais com ela, o que teria desencadeado sua neurose obsessiva. Seu sintoma era uma compulsão por lavagens e limpeza escrupulosas, assim como medidas protetoras enérgicas contra danos graves que outras pessoas teriam a temer de sua parte. Em outras palavras, ela apresentava formações reativas contra seus próprios impulsos sádicos. Para Freud, sua necessidade sexual havia sido obrigada a expressar-se dessa forma, logo que sua vida genital perdeu valor com a impotência do homem amado. Embora seja um caso do início do século XX, não podemos deixar de notar que poderia ser um caso ocorrido na atualidade, de preferência articulado à importância que a demanda de filho, encarnação imaginária do falo, adquire na contemporaneidade.

Como assinala Serge Cottet, não basta termos rituais e sintomas obsessivos para darmos esse diagnóstico: é preciso haver um conflito moral, o medo de fazer ou ter feito mal a alguém e se defender dessa ideia[14].

Freud aponta então a característica que distingue esse caso de neurose obsessiva daqueles mais frequentes que começam muito cedo e depois seguem um cur-

14 COTTET, 2011, p. 83.

so crônico, com exacerbações mais ou menos marcadas. Nesses casos, uma vez estabelecida a organização sexual que contém a disposição à neurose obsessiva, esta jamais é superada por completo. É o que vemos no caso do Homem dos Ratos. Nesse caso de compulsão por lavagens, ao contrário, houve um estádio mais avançado do desenvolvimento, e depois, uma regressão.

Nosso caso tem alguns elementos comuns com este caso relatado por Freud em 1913: a neurose eclode após um acontecimento traumático, uma perda, e o sintoma consiste em uma compulsão por lavagens. Uma segunda aproximação, no entanto, nos permite ver alguns elementos diferenciais: neste caso não há indícios de sintomas obsessivos antes da morte do filho, mas de traços de caráter obsessivos: a obstinação, a rigidez, a moral, a organização, a performance. Sua fuga, aos doze anos, em busca da mãe, é exitosa, ela se orgulha disso. Apesar das adversidades na rua, ela acaba sendo acolhida e educada. Constrói uma família e é respeitada por seu trabalho de secretária em um consultório médico.

Quando perde seu maior objeto de amor, o filho idealizado, que se mata, ela se culpa por não haver percebido que algo ia mal com ele. As autoacusações poderiam levar a uma grave depressão, não fossem eficazes suas defesas obsessivas. Embora esses sintomas perturbem e ameacem sua habitual eficácia, ela não pode desprender-se deles, apesar do tratamento medicamentoso. Inicialmente nos perguntamos se, ao perturbar suas defesas obsessivas, não nos arriscaríamos a desestabilizá-la, provocando um desligamento do Outro. A continuidade das entrevistas mostra porém novos elementos: ela nos revela que tinha com o marido uma vida sexual que se perdeu, dando a entender que ele não a deseja mais. Quando o marido assinala que ela está gorda, ela se irrita e come mais. Ela se defende negando seu corpo e sua sexualidade, mas paga o preço com seus sintomas. Poderíamos falar de defesas obsessivas frente à sexualidade, e depois, frente à sua perda?

Voltemos agora a Freud, no início do século XX, quando descreve vários sintomas obsessivos em mulheres. Vejamos um exemplo célebre – onde o sintoma obsessivo está em primeiro plano – e seus desdobramentos na estrutura do sujeito. Trata-se do primeiro caso citado por Freud na Conferência "O sentido dos sintomas", que também figura como segundo exemplo no artigo de 1907, "Atos obsessivos e práticas religiosas"[15].

Vale a pena nos determos no comentário deste caso realizado por Esthela Solano-Suarez[16], onde ela marca as diferenças na posição dessa mulher em relação ao sujeito histérico. No entanto, estamos aqui longe de uma neurose obsessiva infantil e de seus avatares

15 FREUD, 1907/1976.

16 SOLANO-SUAREZ, 1993, p. 16-19.

na vida adulta, como é o caso na neurose do Homem dos Ratos. Esse caso, como aquele das lavagens do qual falamos anteriormente, nos confronta a uma neurose obsessiva desencadeada tardiamente por um mesmo fator: a impotência sexual do marido. Por que esse sintoma do lado do homem seria tão eficaz para gerar na sua parceira uma resposta sintomática obsessiva?

Como assinala Esthela Solano, para uma mulher, a impotência do homem coloca em questão o seu ser. A sustentação de sua posição sexuada depende do desejo do seu parceiro. Assim, a falência do órgão masculino abre uma hiância que a neurose tenta tampar por meio do sintoma. Lembremos brevemente o caso: trata-se de uma mulher de 30 anos, que sofre de graves sintomas obsessivos, cuja ação obsessiva, realizada várias vezes ao dia, era a seguinte: ela se precipitava do seu quarto para uma peça contígua, se colocava em um lugar determinado diante da mesa que ocupava o centro da peça, chamava a empregada, lhe dava uma ordem qualquer ou a dispensava, e voltava precipitadamente ao seu quarto.

A leitura realizada por Freud a partir dos elementos fornecidos pela paciente, é a seguinte: a ação obsessiva se dá como representação e retomada de uma outra cena que teve lugar 10 anos antes, por ocasião da noite de núpcias que se tornou traumática. Naquela ocasião, o marido se mostrara impotente, e havia passado a noite correndo de seu quarto ao quarto da mulher, para renovar sua tentativa, a cada vez sem sucesso. De manhã, contrariado, ele pega um frasco de tinta vermelha que estava "por acaso" no quarto, e versa seu conteúdo sobre o lençol, no lugar preciso onde deveriam se encontrar as manchas de sangue.

A mulher se encontra desde então submetida à obrigação de chamar a empregada para corrigir a cena, convocando o olhar dessa mulher a se colocar sobre uma mancha na toalha da mesa e, assim, mostrando que não haveria porque ter vergonha. Toda a cena é montada para corrigir a penosa impotência do marido. Freud nos indica que é no lugar do marido, identificando-se a ele, que a mulher retoma a cena no seu sintoma, para corrigir a falha do homem: "Não é verdade, ele não ficou impotente naquela noite". Através do sintoma, a mulher faz o homem e, deste lugar, o protege e o sustenta na plena possessão de seus atributos. A leitura freudiana dessa ação obsessiva se limita a negar ou desmentir a impotência do marido.

Esthela Solano vai além, e nos propõe que essa cena esconde algo, tanto quanto revela. A mulher, colocando-se no lugar do marido, faz Um com ele, e a partir dessa solidariedade fálica, chama a empregada. A que lugar ela é convocada? Esta mulher obsessiva recorre a uma Outra mulher, não para interrogar nela o mistério da feminilidade, segundo a estratégia da histérica, mas para tomá-la como testemunha, como Outro diante do qual a mancha pode ser tomada como um semblante que faz valer seu poder de evocação do falo. Assim, a empregada é incluída no sintoma, que a convoca nesse lugar, para que ela se deixe enganar pela mancha, no lugar onde ela cobre a fenda da castração, onde a ausência de ereção coloca em destaque a solidariedade entre o gozo fálico e o gozo do órgão.

A mancha vela o recuo do marido diante do Outro sexo, tomando um valor de quase fetiche, que restitui ao marido seu ter para que ela possa assegurar, do seu lado, o ser. Ela adivinha a posição do parceiro e a corrige através do seu sintoma. Se ele, pela sua impotência, revela que para tê-lo é preciso renunciar à pretensão de sê-lo, se essa falha nele a faz cair do lugar que a presentifica como podendo ser o falo, na cena compulsiva ela se coloca no lugar do marido: ela o tem e assim corrige a cena da noite de núpcias, isto é, ela o é. Assim ela fecha a fenda que a falta do ter faz ressoar como falta a ser.

A essa versão da impotência, Esthela Solano opõe a versão do impossível: se a mulher obsessiva convoca a empregada, é também para mostrar-lhe a mancha sob um outro olhar. Ela chama essa mulher não-toda, fazendo dela o duplo de si mesma, na medida em que vai lhe mostrar exatamente o que, na noite de núpcias, a fez cair no *non-sens*. Podemos portanto supor que o sintoma faz apelo ao semblante para fechar a fenda assim aberta. Essa fenda, no imaginário, diante da impotência do marido, faz valer para ela a anulação do seu valor de objeto do desejo, o que Solano propõe escrever φ_0. Ela fica sem nome, pois não há significante que possa nomear o seu ser de mulher e ela cai no buraco presentificado pela ausência do Outro: $S(\not{A})$.

A desamarração fálica do homem a deixa sem amarra, confrontada ao impossível da estrutura, $-\exists x\text{-}\Phi x$ (não existe x tal que não Φ de x), por onde o simbólico, por seu poder de negação, se conjuga à morte. Para não se ver aspirada pelo buraco do Outro, a obsessiva se agarra ao sintoma que restitui a função fálica, de uma maneira não totalmente bem sucedida. Por isso ela deverá recomeçar, tal como Sísifo, um número infinito de vezes. A mancha, na sua função de olhar, vem no lugar do parceiro que falta.

A ação obsessiva se inscreve no oposto do ato de uma verdadeira mulher, aquela que, tal Medeia ou Madeleine, desfaliciza ao máximo seu parceiro dando um golpe mortal no seu ter. A obsessiva não sacrifica seu objeto patológico, ela se agarra a ele. Ela se agarra a seu único e insubstituível marido, a ponto de sediar-se aí. Freud nos conta que ela é obrigada a sentar-se sempre na mesma poltrona, quase não chegando a abandoná-la. À questão sobre o que é um marido para uma mulher, ela responde: uma poltrona que é difícil deixar. Ela designa assim a mulher cujo ponto de apoio é dado pelo marido.

Esthela Solano conclui que devemos ter cuidado ao desalojar a obsessiva do seu assento fálico. O que não quer dizer que não possamos fazê-la dar uma voltinha, para que possa se levantar e ir ver atrás da poltrona. Por que a prudência, poderíamos perguntar, baseados nos exemplos trazidos até aqui? Sem o apoio fálico encontrado no objeto de amor, haveria um risco de aspiração pelo furo do Outro, resultando na devastação ou melancolização do sujeito? É o risco que o exemplo que trouxemos nos faz vislumbrar, quando a paciente ameaça ir viver na rua após a perda do filho.

Serge Cottet, no seu artigo "A propósito da neurose obsessiva feminina"[17], considera que, embora os exemplos de sintomas obsessivos femininos não faltem na clínica freudiana, eles parecem grampeados sobre a histeria como estrutura mesma da neurose.

No caso comentado acima, como naquele das lavagens, no artigo de 1913 sobre "A disposição à neurose obsessiva", ou naquele que acompanhamos, vemos o surgimento de sintomas obsessivos tais como rituais, defesas, obsessões e compulsões, em momentos cruciais da história da neurose em uma mulher. Freud coloca esses sintomas na conta de uma regressão da libido a uma etapa do desenvolvimento da sexualidade. Ainda no seu artigo "Atos obsessivos e práticas religiosas", ele traz exemplos de rituais femininos, como propõe Cottet, relativos ao impossível da relação se-

17 COTTET, 2011, p. 82-99.

xual. No entanto, sua descrição permanece fragmentada e não atinge o paradigma do Homem dos Ratos.

Lacan mostrará, nos anos 55–60, a insuficiência de uma teoria da fixação e do desenvolvimento na crítica dos conceitos de ambivalência e de agressividade pré-edipiana. No deciframento do desejo obsessivo, ele dá ao falo o seu lugar e coloca em função a estratégia do sujeito em relação ao Outro: não sustentar o desejo mas visar à sua destruição e sua anulação.

É a partir do artigo de Maurice Bouvet – "Incidências clínicas da tomada de consciência da inveja do pênis na neurose obsessiva feminina"[18] – que Lacan elabora o essencial de sua reflexão sobre a obsessão feminina. O deciframento desse caso começa no Seminário 5[19], especialmente no capítulo XXV, "A função do falo no tratamento", e continua no Seminário 8[20].

Como assinala Cottet, a correlação entre um tipo neurótico e a feminilidade passa necessariamente pelo complexo de castração e a dissimetria entre a mulher e o homem. Para Bouvet, é a inveja do pênis que parece fazer apelo à neurose obsessiva. Trata-se do caso de uma mulher de 50 anos, casada e mãe de dois filhos. Seus sintomas colocam em evidência um tipo de agressividade especialmente obsessivo, carac-

18 BOUVET, 1950.

19 LACAN, 1998/1999, capítulo XXV e seguintes, p. 485, 508 e 518.

20 LACAN, 1991/1992, p. 244, 249 e seguintes.

terizado por obsessões de tema religioso com uma manifestação compulsiva, que se lhe impõem de maneira incoercível, em contradição formal com suas convicções. É a hipermoralidade e a luta contra as tendências perversas que caracterizam a neurose obsessiva, conforme a definição de Freud.

Essa mulher é presa de pensamentos desarmônicos que invadem seu espírito. Ela tem um temor obsessivo de contrair sífilis e obsessões infanticidas que a levam a se opor ao casamento do filho mais velho. Essas obsessões começaram com seu casamento e se agravaram quando tentou diminuir suas chances de gravidez. Mas já aos sete anos de idade era parasitada pela ideia de envenenar seus pais, tinha que bater três vezes no assoalho e repetir três vezes: "Eu não pensei isso". Na puberdade, ela tem a obsessão de estrangular seu pai, e de colocar alfinetes na cama dos pais para espetar sua mãe.

A paciente tem vergonha do pai e vive dolorosamente a educação religiosa imposta pela mãe. Lacan se interessa pelas obsessões de tema religioso, frases injuriosas, blasfêmias, pensamentos sacrílegos. Ela insulta Deus e as injúrias endereçadas à Virgem foram pensadas a propósito da mãe. Lacan retém especialmente uma imagem imposta: a imagem dos órgãos genitais masculinos no lugar da hóstia.

Cottet observa que as coordenadas edipianas da paciente não dão conta da intensidade de suas obsessões: nem a ambivalência em relação à mãe, nem as recriminações dirigidas ao pai, em razão da submissão à mãe. A agressividade é transferida à pessoa do analista: "Sonhei que esmagava a cabeça do Cristo com pontapés, essa cabeça parecia a sua". Ela associa com uma lembrança: passa, cada manhã, diante de uma funerária onde estão expostos quatro Cristos. Ao olhá-los, tem a sensação de andar sobre seus pênis. Experimenta uma espécie de prazer agudo e de angústia.

Todas as insígnias da potência do homem são objeto de uma depreciação agressiva. A menina ataca o pênis como o que ela não tem, por um lado, e, por outro, como símbolo da potência que lhe falta para assegurar sua independência em relação ao desejo da mãe, que a tiranizou toda a sua vida.

Como sublinha Cottet, Lacan desqualifica uma análise fundada sobre o ter e a frustração, opondo-lhe o ser do sujeito e suas identificações. Para ele, a regressão ao pré-genital não explica nada. Mesmo Freud considera que as fixações a etapas do desenvolvimento coexistem umas ao lado das outras, independentes da cronologia[21]. A afirmação, pela paciente, da potência do falo, está correlacionada à sua insurreição contra o saber suposto do analista, que ela faz calar. A intolerância ao significante do Outro, notadamente à

21 Cf. FREUD, 1933/2010, p. 248.

verdade materna, mascara ao mesmo tempo um ódio ao pai que nada tem de pré-genital[22].

A análise de Bouvet repousa sobre o imaginário da inveja do pênis e da castração masculina, o que não especifica a escolha da neurose. Nesse lugar, Lacan faz girar o tratamento, não sobre a inveja do pênis e o desejo de ser um homem, mas sobre o desejo da mãe e o falo como significante do desejo. Na infância, a paciente foi objeto do desejo da mãe: numerosas cenas descrevem sua dependência ao mesmo tempo vital e passional. O que ela destrói é esta dependência da imagem fálica desejada pela mãe. Ela rivaliza, não com seu pai ou sua mãe, mas com um desejo do que está além dela, que é o falo. Lacan aplica a lei geral do desejo obsessivo: "destruir os signos do desejo do Outro". Neste caso, é ela mesma que ela destrói, enquanto identificada a esses signos[23].

O problema então não é ter ou não ter o falo, mas sê-lo. O neurótico em geral quer sê-lo. A paciente de Bouvet, na sua provocação aos homens, vestindo-se de maneira sensual, é o falo. É o ódio do homem e a destruição das insígnias de potência que estão no primeiro plano. Ela quer ser desejada para que eles não tenham o que desejam. Ela denega que tenha o falo, numa concorrência rival, roubado como por contra-

22 Cf. COTTET, 2011, p. 89-91.

23 LACAN, 1998/1999, p. 454.

bando, numa provocação agressiva. Ela destrói a imagem fálica em uma derrisão obscena. O determinante na neurose obsessiva não é a identificação ao falo, mas a estratégia em relação ao desejo do Outro: ela se caracteriza pelo esvaecimento e a afânise do desejo, pois destruindo o desejo do Outro, é o seu próprio desejo que o sujeito ataca.

A estrutura significante do gozo está em primeiro plano: na missa, a paciente escuta: "Abram seus corações" e ela encadeia "abra seu ânus". É essa degradação do falo simbólico em falo imaginário que Lacan formalizará no Seminário 8, com o matema:

$\not{A} <> \varphi (a, a', a'', a''',...)$[24]

A estratégia obsessiva tem a estrutura repetitiva da anulação-restituição que coloca o pequeno a em série. O obsessivo não se toma pelo mestre, mas supõe o mestre saber o que ele quer[25]. E o anula continuamente. A fortaleza narcísica do obsessivo coincide com sua mortificação, daí a procrastinação.

A paciente se oferece à demanda obscena do Outro, fechando-se ao amor: o significante da falta no Outro é levado à pulsão anal como encarnação, justamente, da demanda. Essa depreciação do objeto dá seu acento de perversão à obsessão. A vestimenta perversa da fantasia no obsessivo é a favor de uma fre-

---

24 LACAN, 1991/1992, p. 299.

25 LACAN, 2006/2008, p. 371.

quência maior da obsessão no homem, na medida em que ele é o sexo frágil em relação à perversão[26]. Em Freud, temos a dissimetria do complexo de castração: o recalque da sexualidade em uma, o imperativo de gozo no outro, o trauma da sedução passiva na menina em oposição à atividade sexual precoce do menino[27]. A paciente de Bouvet, justamente, é uma exceção: menina, ela teve uma atividade sexual precoce com as meninas, um esquema ativo bem mais determinante que os traumas anteriores. Quanto ao objeto a, Lacan retém menos as características do objeto anal que aquelas do olhar e da pulsão de fazer-se ver, onde se concentra a oblatividade obsessiva: dar a ver uma imagem dele mesmo[28].

Para Serge Cottet, não se pode exigir do sujeito contemporâneo ter obsessões religiosas estruturadas assim. Tratando-se de obsessões femininas, é frequentemente sobre o objeto criança que os sintomas se cristalizam: ambivalência e ideias de morte. Freud mesmo nota, no entanto, que

> também na histeria é inequívoco certo grau de alteração do eu através de formação reativa. (...) O ódio a uma pessoa amada é sofreado por um excesso de

26 Cf. MILLER, 2016, p. 21.

27 FREUD, 1896/1976, p. 194.

28 COTTET, S. 2011, p. 94 e 96.

ternura e ansiedade por ela. Mas, à diferença do que ocorre na neurose obsessiva, tais formações reativas não têm a natureza geral de traços de caráter, limitando-se a relações muito específicas. A mulher histérica, por exemplo, pode tratar de modo excessivamente afetuoso os filhos que no fundo odeia, mas isso não significa que seja mais amorosa em geral do que outras mulheres, nem mais afetuosa com outras crianças. Na histeria, a formação reativa se atém firmemente a determinado objeto, não se arvorando em predisposição geral do eu. É algo característico da neurose obsessiva justamente essa generalização, o afrouxamento das relações objetais, a facilitação do deslocamento na escolha do objeto[29].

No próximo capítulo veremos, em detalhes, a especificidade da neurose obsessiva feminina, e passo a passo, a crítica feita por Lacan à direção do tratamento imprimida por Maurice Bouvet.

29 FREUD, 1926/2018b, p. 104-105.

2.
NEUROSE OBSESSIVA FEMININA: LACAN LÊ BOUVET

Vimos que Freud descreveu vários casos de sintomas obsessivos em mulheres, cujo diagnóstico, ora de neurose obsessiva, ora de caráter obsessivo, difere em vários pontos do paradigma freudiano da neurose obsessiva, o Homem dos Ratos. Como mostrou Esthela Solano, o desencadeamento dos sintomas obsessivos nos casos descritos por Freud está intimamente ligado à sexualidade feminina e ao fato de uma mulher deixar de ser objeto causa de desejo para um homem.

Veremos agora em detalhes o caso de neurose obsessiva relatado por Maurice Bouvet – membro francês da Associação Psicanalítica Internacional (IPA) – classicamente comentado por Lacan nos seus Seminários 5 e 8, *As formações do inconsciente* e *A transferência*. É uma oportunidade para ver o que é, para Lacan, uma neurose obsessiva feminina e, ao mesmo tempo, sua crítica ao tratamento conduzido pelos postulantes da "relação de objeto", especialmente no que concerne à sua leitura do lugar dado ao falo na direção do tratamento.

Maurice Bouvet: "Incidências terapêuticas da tomada de consciência da inveja do pênis na neurose obsessiva feminina"

Este caso foi apresentado por Maurice Bouvet, na Sociedade Psicanalítica de Paris, em dezembro de 1949[30]. Bouvet sustenta a tese de que a tomada de consciência da inveja do pênis intervém favoravelmente na evolução dos fenômenos transferenciais, suavizando o supereu feminino infantil.

Enquanto o obsessivo transformaria o objeto de amor infantil em objeto genital, a obsessiva teria que se orientar para uma fixação heterossexual e uma identidade feminina. Para isso, a personalidade do analista teria que ser assimilada a uma boa mãe, pois a fonte da agressividade antimasculina seria a pulsão destrutiva dirigida à mãe.

Trata-se de uma mulher de 50 anos, mãe de dois homens, da área da saúde, que fez dois anos de análise anteriores com melhora dos fenômenos obsessivos: obsessões de tema religioso e frases injuriosas que se lhe impõem, em contradição com suas convicções; representação dos órgãos sexuais masculinos no lugar da hóstia. Tem medo de ser condenada. Seus sintomas

---

30 BOUVET, 1950.

iniciaram com o casamento e aumentaram quando tentou evitar a gravidez.

Essa mulher recebeu da mãe uma educação religiosa e apresenta fenômenos obsessivos desde os 7 anos de idade. Seus sintomas são medo de contrair sífilis, obsessões infanticidas, obsessões de envenenar a família, precauções, verificações, anulação, ambivalência com os pais. Na puberdade tinha a obsessão de estrangular o pai e de por alfinetes na cama para espetar a mãe. Nos sonhos, a castração do pai aparecia sob a forma dos órgãos sexuais do tio em decomposição. Recriminava a mãe por ter preferido sua irmã 7 anos mais nova e tinha desejos de morte em relação à irmã.

Relata um traumatismo aos 3 anos de idade: um homem teria tocado seus genitais. Tinha amizades apaixonadas com as meninas, com jogos sexuais infantis. Na adolescência, foi apaixonada por uma enfermeira.

Casou-se por conveniência e interesses com um oficial da reserva: doce, delicado, em suma, um homem "castrado", que nunca a dominaria. Seu filho mais novo era bastante inibido, o mais velho era brilhante, porém glacial, na relação com ela.

Sua análise durou 14 meses e Bouvet a divide em duas fases. A primeira, de oposição e transferência negativa, caracterizava-se por um silêncio obstinado. Não quer dizer nada, pois pensa que os médicos debocham de seus pacientes e que é impossível para uma mulher falar com homens. Apresenta manifestações de independência, revolta com Deus, dificuldades de pagar, recusa de regras. Veste-se bem para ser desejada e recusar os homens, fazê-los sofrer. Seu ódio aos homens se manifesta na transferência pelas tentativas de romper o tratamento.

Em um sonho é humilhada pela mãe, compra sapatos pontiagudos e passa a injuriar a mãe e o chefe do seu serviço. O analista interpreta seu desejo de possuir o falo. Tem fantasias oníricas fálicas: um seio transformado em pênis, um pênis entre os seios, e finalmente, sobe em um estrado com homens e é admirada pela mãe. Em outro sonho esmaga a cabeça de Cristo a pontapés e diz que ela se parece com a cabeça do analista. Ou ainda: passa diante de uma funerária onde estão expostos quatro Cristos, cujos pênis imagina pisotear. O desejo de ter um pênis é acompanhado pela fantasia de destruição do pênis do analista: uma constante degradação do falo simbólico em falo imaginário.

Considera sua mãe responsável pelo seu sentimento de medo e inferioridade em relação aos homens, sua hostilidade e conflito com eles, seu desejo de possuir aquilo do qual fora privada. A hostilidade dirigida à mãe é transferida para os homens.

Na segunda fase do tratamento, após a interpretação do seu desejo de possessão fálica, a partir do sonho com a mãe, Bouvet considera que a transferência evoluiu, com menos recriminações. No entanto, surge uma agressividade castradora contra o marido e desejo de morte contra o pai e o analista, que se manifesta no medo de que algo lhe aconteça. Ela odeia qualquer obrigação.

Pouco a pouco a transferência perde a agressividade e o homem/analista torna-se um aliado benevolente. Ela tem um sonho de reconciliação com a sogra, que se suicidou após opor-se ao seu casamento. Suas obsessões persistem, mas já não se sente culpada. Sonha que renuncia a seu "pênis negro" para se tornar mulher. Lembra-se de que na infância brincava de colocar um bastão na vulva para simular um pênis. Tem sonhos de transferência positiva que Bouvet interpreta como manifestações do Édipo pré-genital. "Um homem me persegue em sonho, ela diz. É você!" Tem ódio quando o marido dorme sem procurá-la, ela o quer mais viril. Por outro lado, tenta compreender a mãe e se torna mais maternal com o filho, que envia para análise com seu analista.

Bouvet conclui que na neurose obsessiva feminina há fixação infantil à mãe, posição homossexual, agressividade, ambivalência e sadomasoquismo pré-genital. Nesse caso, não há bons maridos, mas dependência e ódio contínuos deles. Há reações violentas a qualquer frustração ou desinteresse da parte deles. O analista deveria portanto ser paternal e maternal. Uma vez tornado consciente o desejo de possessão fálica, haveria evolução favorável da transferência para um analista que compreende, possibilita contato afetivo e flexibilização do rigor do supereu feminino infantil. A identificação masculina sádica se transformaria em identificação feminina passiva através da apropriação que o inconsciente da paciente realizaria da personalidade do analista, como de uma boa mãe. Ou seja, a transferência transformaria a mãe hostil em uma mãe compreensiva.

O comentário de Lacan

Pode-se imaginar o quanto tais proposições de Maurice Bouvet foram um prato cheio para um Lacan que, tendo subvertido as regras da prática analítica estabelecidas pela IPA, acabava de ser destituído de suas funções de didata, para depois ser excluído dessa Associação.

No capítulo XXV do Seminário 5, de 11 de junho de 1958, estabelecido por Jacques-Alain Miller sob o título "A significação do falo no tratamento", Lacan continua o comentário de casos de neurose obsessiva publicados por Maurice Bouvet e de uma direção do tratamento que, segundo Lacan, reduz o desejo à demanda. No capítulo anterior, "Transferência e sugestão", Lacan havia dado algumas coordenadas:

1. A solução da análise do obsessivo está em que ele venha a descobrir a castração pela lei do Outro: é o Outro que é castrado. O sujeito não consegue apro-

ximar-se do seu desejo sem sentir-se ameaçado por essa castração[31].
2. A castração só pode ser realizada em sua função significante[32].

No capítulo XXV, "A significação do falo no tratamento", Lacan continua:

> 3. A relação do sujeito consigo mesmo, com sua existência e com o mundo, na neurose obsessiva, é bem mais complexa que o apego do sujeito ao seu próprio sexo, como sugere Maurice Bouvet.
> 4. A pulsão de destruição é voltada para o semelhante e revertida contra o sujeito.
> 5. O papel que desempenha na economia do obsessivo a identificação com o pequeno outro (a) imaginário é um mecanismo de defesa frente ao desejo do Outro[33].
> 6. Ratificar as fantasias do obsessivo é reduzir o desejo à demanda nas relações com o analista.

Depois de comentar *acting outs* produzidos por intervenções do analista em outros casos, Lacan introduz o caso de neurose obsessiva feminina. Ele consi-

31 LACAN, 1998/1999, p. 449.
32 *Ibidem*, p. 450.
33 LACAN, 1998/1999, p. 458.

dera que não dispomos de tantas análises de neurose obsessiva na mulher. Reencontramos aí a famosa prevalência do objeto fálico que vemos nas neuroses obsessivas masculinas.

Lacan critica de entrada a maneira como Bouvet dirige o tratamento, propondo uma nova identificação feminina que passaria pela identificação com o analista, para garantir o acesso à genitalidade. Quando o desejo de posse fálica e de castração do analista foi exposto, teria havido um efeito de distensão. Para Bouvet, o analista é assimilado a uma mãe benevolente e a conscientização do desejo de posse fálica seria libertária.

Para Lacan, a questão do sujeito é ser ou não ser o objeto de desejo da mãe. O pai não venceu o apego da mãe a um amor platônico. Qualquer pessoa que se imiscua na relação da paciente com a mãe (como a irmã) é objeto de desejos de morte. A questão do sujeito é então saber se ele é ou não é o falo como objeto do desejo do Outro.

Uma análise centrada no *Penisneid*, ou inveja do pênis, como bem mostrou Freud em “Análise terminável e interminável”, termina na impotência. Lacan considera que Freud não viu que a solução do problema da castração, tanto no homem quanto na mulher, não gira em torno de ter ou não ter o falo. Só quando o sujeito percebe que não é o falo é que ele poderá tê-lo ou não tê-lo.

Recordemos brevemente os três tempos do Édipo, tais como esquematizados por Miller em sua leitura do Seminário 5[34]:

1. C – M – φ // P
2. C – M – P – diz não
3. C – M – P – diz sim

Num primeiro tempo, temos a relação imaginária entre a mãe, a criança e o falo, sendo o pai uma presença velada. A criança se identifica ao falo da mãe.

Num segundo tempo, o pai entra dizendo não. É o pai privador, que intervém através da fala da mãe.

Num terceiro tempo, finalmente, o pai diz sim, apontando para o menino a possibilidade de ter o falo e, para a menina, que não o tem, a possibilidade de ir buscá-lo em um parceiro que o tenha.

O uso do falo sob transferência

A transferência é manejada por Bouvet de tal forma que o sujeito acredita ter o falo, na forma de roupas e sapatos que suscitam nos homens o desejo, para decepcioná-los. Ela se faz falo: "eu quero ser o que ela deseja (a mãe), por isso é preciso destruir o objeto

---

34 MILLER, 1999, p. 50.

do seu desejo". O que gera sua agressividade contra o marido é considerar que ele é o falo e consequentemente, ele é objeto de destruição. Assim, o desejo de destruição acaba se voltando contra ela.

Se ela quer destruir o falo do analista, ele o doa a ela, consentindo com o seu desejo de posse fálica. A paciente conserva suas obsessões mas já não se angustia com elas. Ela envia o filho mais velho, que nunca conseguiu dominar, para o analista, devolvendo-lhe o falo. O analista orienta a análise pela ideia de que a paciente quer ser um homem, desconsiderando a significação do falo como significante do desejo. Não estaria aí uma manifestação, na própria psicanálise, da queda do falocentrismo enquanto significação fálica dada pela metáfora paterna, levando a uma concepção bastante imaginarizada do falo?

No capítulo seguinte, "Os circuitos do desejo", Lacan aponta que o que tem que ser mantido à distância, pelo obsessivo, não é o objeto, como pensa Bouvet, mas o desejo. E ele faz isso mantendo relações que se articulam em torno da demanda. O obsessivo empenha-se em destruir o desejo do Outro, desvalorizando e abolindo seu próprio desejo. Trata-se de fazer o Outro descer à categoria de pequeno outro. É somente numa articulação significante que o obsessivo consegue preservar o Outro. Por estar tão bem ancorado no significante, ele nada teria a temer quanto à psicose – se for um verdadeiro obsessivo. Pelo significante, faz o Outro subsistir. Mostrar ao obsessivo o que se passa na sua relação com o falo, significante do desejo do Outro, é diferente de satisfazer a demanda concedendo-lhe seu objeto através da simbolização, pelo analista, da fantasia imaginária.

No capítulo XXVII, "Uma saída pelo sintoma", Lacan retoma: não é insignificante que a fantasia fálica se apresente sob a forma da inveja do pênis na mulher, durante a análise de uma neurose obsessiva. Trata-se de saber como nos servir do significante falo, que não é sem relação com a fala. A fala do Outro se torna nosso inconsciente, feito com fragmentos de falas ouvidas e articuladas. No lugar da fala, damos vida a um Outro capaz de nos responder. Mas ele é opaco, há nele alguma coisa que não conhecemos, que nos separa de sua resposta à nossa demanda. É o que chamamos o seu desejo.

A fixação é a prevalência conservada por esta ou aquela forma do significante: oral, anal ou outro. É a importância guardada por certos sistemas de significantes. A regressão é o que acontece quando esses significantes são reencontrados no discurso do sujeito.

Na psicanálise, diz Lacan, descobrimos uma exigência pulsional que coloca o sujeito numa relação de dependência ou atração a significantes tomados de empréstimo de seus próprios órgãos. Uma fixação oral ou anal que sobrevive num sujeito adulto depende de uma relação imaginária levada à função de significante. Pelo fato de as imagens estarem fora do seu contexto de necessidades puras e simples, elas assumem outra função. Os mecanismos obsessivos de anulação, isolamento e formação reativa são mecanismos significantes, como denegação do desejo do Outro. A tendência do obsessivo a anular tantas coisas e destruir o desejo do Outro é formulada por Lacan como demanda de morte. O obsessivo está sempre ocupado em manter o Outro, constantemente ameaçado de sucumbir à demanda de morte, porque o Outro é a condição de sua existência como sujeito. O desejo do obsessivo é equivalente à anulação do falo enquanto significante do desejo do Outro.

Em todo obsessivo, diz Lacan, homem ou mulher, surge, num momento de sua história, o papel essencial da identificação com um outro, um semelhante, que teria o prestígio de ser mais viril, de ter o poder. O falo aparece aqui em sua forma imaginária. O sujeito se complementa com uma imagem mais forte.

Renée, a paciente obsessiva de Bouvet, mostra a presença do Outro e do outro, na evolução da observação. No início ela não pode falar, depois não quer falar. Ela se recusa porque sua demanda só pode ser uma demanda de morte. Se ela não pode falar, é porque no lugar do Outro apareceu o outro que o analista fez tudo para presentificar, porque ele percebe o lugar da fantasia fálica. O analista pensa que ela gostaria de ser homem, enquanto ela faz do falo um elemento de poder. O analista, tal uma mãe benevolente, pensa dar-lhe o falo para resolver suas dificuldades de obsessiva. O resultado é que suas obsessões passam a ser vividas sem culpa. E ela manda seu filho ao analista.

Para Lacan, o falo é algo diferente de um acessório de poder, ele é a mediação significante que simboliza o que acontece entre o homem e a mulher, ou seja, a não relação sexual. O filho, enviado como *acting out*, ocupa o lugar do que não foi trabalhado no tratamento, um lugar simbólico. O tratamento desemboca numa embriaguez de poder e bondade, levando à aprovação sugestiva do que já se encontrava nos mecanismos da obsessão: a absorção do falo imaginário.

No último capítulo do Seminário 5, Lacan precisa[35]: a demanda de morte não é pura e simplesmente tendência mortífera. Trata-se de uma demanda articulada simbolicamente, ela não se produz no nível da relação imaginária com o outro, não é uma relação dual, mas visa, além do outro imaginário, seu ser simbolizado. Por ser um sujeito falante, ele não pode atingir o outro sem atingir a si mesmo, de modo que a demanda de morte é a morte da demanda. É no interior disso que se situam os avatares do significante falo.

A incidência do significante no ser vivo – sua relação com a fala – o condena a se fragmentar em toda sorte de efeitos de significante. Se essa mulher está

35 LACAN, 1998/1999, p. 513.

possuída pelo *Penisneid,* Lacan pergunta: porque o medo obsedante de ter contraído sífilis? No obsessivo masculino, o medo obsedante de ser contaminado e contaminar é corrente. Em geral, ele foi precocemente um iniciado nos perigos das doenças venéreas. Apesar das intervenções medicamentosas, o obsessivo continua obcecado pelo que pode ser gerado por seus atos impulsivos libidinais. Trata-se de um impulso agressivo que transparece sob a pulsão libidinal, que faz com que o falo seja algo perigoso[36].

A paciente de Bouvet faz do falo um uso equivalente ao de um homem, ou seja, por intermédio do filho, considera-se perigosa. Nenhum *Penisneid* a detém, ela tem o falo sob a forma desse filho e nele cristaliza a mesma obsessão dos doentes masculinos. Há também as obsessões infanticidas e de envenenamento. A demanda de morte é a demanda da própria mãe, que a exerce no personagem do pai, deprimido, taciturno, que não consegue superar a rigidez da mãe nem seu apego a um primeiro amor e só rompe seu mutismo para explodir em cenas veementes, das quais sai derrotado.

A posição depressiva do pai – privação do objeto amado, desejo de morte em relação a si mesmo – almeja um objeto perdido. A demanda de morte, presente na geração anterior, é mediatizada por um horizonte edipiano e aparece na fala. Se não fosse mediatizada,

---

36 LACAN, 1998/1999, p. 514.

teríamos uma psicótica. A demanda de morte exercida no pai vira a agressão dela contra si mesma. Uma das primeiras obsessões é o medo de colocar alfinetes para espetar a mãe: o significante fálico é o significante do desejo perigoso e culpado.

Se o analista é identificado com o falo, é por encarnar para o sujeito o efeito do significante, a relação com a fala. O falo deveria ser situado aqui no nível do significante do Outro como barrado, $S(\not{A})$, idêntico à significação que o Outro atingiu para o sujeito, enigma do desejo do Outro e não *Penisneid*. Não compete ao analista dizer: o que você quer é o falo, fechando a questão do sujeito.

A equivalência entre o sapato e o falo, consertar o sapato e subir em um tablado com homens para ser admirada pela mãe não parece a Lacan indicar o *Penisneid*, mas uma exibição, a presença do falo na relação do sujeito com a imagem do seu semelhante. O analista muda o sentido do falo para sua paciente, torna-o legítimo. Ensina-a a amar suas obsessões. As intervenções são centradas na trama das fantasias e na sua valorização como fantasias de rivalidade com o homem, que transpõe a agressividade referente à mãe[37].

A operação autorizadora do analista leva a uma efusão narcísica como consequência de uma interpretação que visa mais a redução da demanda que sua

37 LACAN, 1998/1999, p. 519.

elucidação. O termo demanda de morte é uma forma de falar da agressividade articulada subjetivamente.

No Seminário 8, *A transferência,* no capítulo XVII, "O símbolo Φ", Lacan traz o falo, não mais como significação, mas como significante, presença real do desejo[38]. Aquilo que na obsessão chamamos de agressividade é uma agressão contra a aparição do Outro como falo. Golpear o falo no Outro para curar a castração simbólica – golpeá-lo no plano imaginário – é a via escolhida pelo obsessivo para tentar abolir o parasitismo do significante e restituir ao desejo sua primazia, ao preço de uma degradação do Outro.

A relação do obsessivo com o objeto, metonímico e intercambiável, é uma relação de ausência, depreciação, recusa do signo do desejo do Outro, que determina a impossibilidade que marca a manifestação do seu próprio desejo. É o que mostra o matema da fantasia do obsessivo: ele oferece ao Outro barrado, desejante, objetos falicizados, reduzindo seu desejo à demanda: $\not{A} <> \varphi (a', a'', a'''...)$.

No capítulo XVIII do Seminário 8, "A presença real", Lacan precisa a função do falo sob transferência, na neurose obsessiva, partindo do particular da experiência. Os objetos são por ele colocados em função de certas equivalências eróticas, o que aparece como erotização do seu mundo intelectual. O φ é a unidade de

38 LACAN, 1991/1992, p. 244.

medida onde o sujeito acomoda a função dos objetos de seu desejo[39].

A função Φ do significante falo torna-se o significante da própria transferência. Na sintomatologia da neurose obsessiva, essa função aparece sob formas degradadas, no nível do consciente, o que designa a cumplicidade do sujeito consigo mesmo e com o Outro que o observa. No entanto, diz Lacan, a função do falo na obsessão, apesar de perfeitamente patente, participa do recalque.

Se ser sujeito é ter lugar no Outro, existe um acidente possível, designado pela barra sobre o A. No momento em que o sujeito, manifestando-se como Φ em relação ao objeto, se desvanece, não se reconhece, produz-se a miragem de narcisismo frenética no obsessivo. Alienação do falicismo que se manifesta nas dificuldades do pensamento, e que me parece diferente do falocentrismo enquanto operação da significação fálica, resultante da metáfora paterna. Não é tanto por uma culpa edipiana que é difícil sustentar-se e progredir, mas porque é absolutamente necessário que o que ele pensa seja dele e nunca de um Outro. Ou seja, é difícil fazer dele o desejo do Outro[40].

Nada é mais difícil do que levar o obsessivo a ficar contra o muro do seu desejo, diz Lacan. Se ele susten-

---

39 *Ibidem*, p. 250.

40 LACAN, 1991/1992, p. 251-252.

ta seu falicismo na fantasia, seu ato está aquém da expectativa, por temor de sua própria *aphanisis*. Ele teme justamente o que imagina aspirar: a liberdade e a responsabilidade. Em outras palavras, ele receia desinflar a inflação fálica, como na fábula da rã que queria ser tão grande quanto o boi: inchou tanto que estourou[41].

A estratégia do obsessivo consiste em degradar o Outro, transformando-o em pequeno outro, e em preencher todos os intervalos significantes. Se no Seminário 8 o Φ é o signo e o instrumento do desejo, poucos anos depois, em "Subversão do sujeito e dialética do desejo no inconsciente freudiano", Lacan apresenta Φ como significante do gozo, falo simbólico impossível de negativizar[42]. O obsessivo nega o desejo do Outro, formando sua fantasia para acentuar a impossibilidade do esvaecimento do sujeito. É o que Lacan desenvolverá no Seminário da Angústia como a fantasia escópica de sua imagem oferecida ao olhar do Outro.

41 *Ibidem*, p. 252-253.

42 LACAN, 1960/1998b, p. 838.

3.
DOIS CASOS DE MULHERES OBSESSIVAS TRATADOS POR HELEN DEUTSCH

Veremos agora dois casos de neurose obsessiva em mulheres, descritos por Helen Deustch, onde alternam graves sintomas obsessivos e um acentuado caráter obsessivo, correlativos de experiências de perdas do objeto de amor. No primeiro deles, a questão do diagnóstico diferencial com a psicose se imporá.

Esses dois casos, assim como vários outros tratados por Helen Deutsch, foram reunidos por Marie-Christine Hamon no livro *Les introuvables*, de Helen Deutsch[43], que reúne casos de inestimável valor clínico. Os dois casos de neurose obsessiva feminina correspondem às 9ª e 10ª Conferências, que narram o tratamento analítico das duas pacientes. O relato de Helen Deutsch nos interessa, na medida em que ela foi uma interlocutora destacada por Freud sobre a sexualidade feminina, mesmo que seus pontos de vista divirjam daqueles do mestre. Lacan não deixou de comentar os

43 DEUTSCH, 1992a, p. 281-311.

trabalhos dessa eminente psicanalista, em vários momentos de seu ensino, divergindo dos seus pontos de vista sobre o assim chamado masoquismo feminino.

Cerimonial obsessivo e atos compulsivos

Este primeiro caso se refere a uma professora católica, que procurava fugir do mundo, segundo as palavras de Helen Deutsch, tornando-se freira em um convento. O início do tratamento fazia pensar em um estupor catatônico, de tal maneira que, como assinala Serge Cottet, temos dificuldade em acreditar que sua sintomatologia seja o produto do recalque[44], evocando antes o matema Φ_0 e o fora do discurso da psicose: imóvel no leito, com as pernas fechadas e as mãos petrificadas longe do corpo, ninguém podia aproximar-se dela sem submeter-se a procedimentos de purificação. Ela pensava que seu corpo não deveria ser tocado porque poderia ser contaminado pelo contato de uma sujeira que, no caso, se referia a coisas sexuais.

Seu quadro havia evoluído progressivamente durante anos, até o estado terminal de ascetismo, com procedimentos compulsivos de lavagens, comandos e interdições.

44 COTTET, 2011, p. 88.

Até os 12 anos de idade, a paciente tivera uma disposição sádica e anal: uma constipação intestinal tenaz a levava a passar horas no banheiro. Não se lavava, sentia prazer em defecar e tinha interesse especial pelas fezes. Atormentava seus irmãos mais novos, arrancava asas de moscas, era malvada com os companheiros de brincadeiras. A partir dos 12 anos, há uma transformação radical no caráter, com formações reativas bem eficazes.

A neurose se declarou aos 17 anos, após a morte do pai. Meticulosa, não suportava a menor poeira, queria ser elogiada pela mãe – para aliviar seu sentimento de culpa – e ficava muito infeliz quando isso não acontecia. Controlava meticulosamente as coisas do irmão – manifestação da formação reativa.

Na infância, teria acordado um dia com o irmão em cima dela e culpado a mãe por negligência. Na análise pôde reconhecer que não foi o irmão mais velho que a seduziu, mas ela quem seduziu seu irmão mais novo. A mãe havia, na verdade, proibido a masturbação da menina. Recriminar a mãe fora um meio, para a paciente, de se liberar de suas próprias recriminações. A emergência do recalcado e sua capacidade de subjetivação sustentam a hipótese de Helen Deutsch de uma neurose.

Os sintomas infantis de sujar-se se inverteram na excessiva limpeza e a crueldade transformou-se em carinho exagerado. O demônio tornou-se um "anjo", mudança supostamente típica na vida de um neurótico obsessivo.

A paciente perdeu o pai aos 16 anos e sentiu-se responsável pelos irmãos. Queria dar um pai às crianças e portanto ficou noiva de um rico superior seu, embora se sentisse atraída por um colega pobre – evocando a problemática relatada por Freud no caso do Homem dos Ratos. Foi aí que surgiram os sintomas obsessivos: um cerimonial para dormir, verificações se os irmãos estavam bem. Um desejo de morte era compensado por um cuidado excessivo.

Ela se sacrifica pelos irmãos e, inconscientemente, os odeia. A luta contra suas tendências sádicas lhe impõe novos sintomas e o combate entre moções contrárias. A compulsão de tocar os objetos e lavar as mãos se repetia, repetindo o ato de se tocar interditado pela mãe, até que finalmente ela não podia tocar mais nada.

Ela se lembrava de seus malfeitos na infância, mas não tinha consciência do seu sentimento de culpa. Separação característica, na neurose obsessiva, entre o conteúdo da consciência e o afeto.

Seu irmão mais novo havia tido uma infecção sifilítica e se suicidado. Ela pensava que poderia ter contraído sífilis pela masturbação. A relação entre o sentimento de culpa e a fobia de sífilis, por um lado, e entre acusar-se da doença do irmão e o fato de tê-lo seduzido só surgiu no trabalho de análise. A angústia do contato passava por não contaminar o mundo pela sífilis por causa do seu onanismo.

Aos 18 anos sua mãe tivera uma infecção pulmonar mortal e a paciente cuidou dela com dedicação. Depois de sua morte, ficou remoendo para verificar se teria dado algum medicamento errado à mãe. Desenvolveu um cerimonial para dormir como se ainda precisasse passar a noite cuidando da mãe. Mesmo após sua morte, é como se ainda tivesse que protegê-la de sua própria hostilidade. E se estava acompanhada, a paciente devia proteger sua acompanhante, vigiando sua respiração. Seu desejo de morte retornava contra ela mesma como uma punição.

A neurose começa com a morte do pai e a tentativa de fazer seu papel na família. Casando-se com seu chefe, ela tentaria dar um substituto paterno aos irmãos, fazendo um sacrifício masoquista. Em resposta a esse sacrifício e à perda do objeto de amor, o colega pobre, as moções sádicas irrompem contra o objeto de sacrifício. O supereu torna-se mais severo. Há conflito entre o amor e o ódio, a satisfação e a interdição. As compulsões a protegem da angústia e os sintomas se tornam formas de satisfação do sentimento de culpa. Mas a renúncia, como diz Lacan, não aplaca o supereu, ao contrário...

Representações obsessivas

Neste segundo caso, trata-se de uma paciente que Helen Deutsch considera ter curado – dos sintomas, mas não do caráter obsessivo – após um tratamento relativamente curto. Ela tinha 28 anos e sua neurose foi tratada *in statu nascendi*. A paciente tinha um noivo até um ano antes do início dos sintomas, quando ele rompeu o noivado, sob a influência de sua mãe. A jovem o havia pressionado para casar. Um ano antes da ruptura, no entanto, ela acordara com o sentimento de ter sonhado que o noivo estava morto. O desejo de morte provoca sua culpa.

Entre os 6 e 7 anos de idade, a paciente experimentara angústia intensa a respeito do pai doente, donde já se deduz seu desejo de morte. Helen Deutsch localiza aí sua reação sádica em relação a uma decepção amorosa edipiana.

Antes do desencadeamento da neurose, sofria de ciúmes violentos, sem fundamento, de mulheres que não correspondiam aos gostos do noivo. Podemos supor que, em resposta ao ciúme ligado ao não-todo do gozo feminino, fora do sentido, ela tenta agarrar-se ao falo através da representação obsessiva do órgão sexual masculino: é o que sugere Lilia Mahjoub[45]. O simbólico resvala para o imaginário, o desejo para a demanda.

---

45 MAHJOUB, 2007.

Nos seus desejos eróticos obsessivos desvestia os homens, fantasiava o coito com eles e era possuída por representações compulsivas de seus órgãos sexuais.

A paciente tinha fantasias amorosas homossexuais com a analista, que identificava à mãe, com consequente ódio e desejo de morte. O medo de estar só com o pai e ser abusada por ele lhe permite reconhecer seus desejos edipianos e a decepção amorosa, com ódio ao pai no lugar do amor excessivo.

Havia perdido a mãe aos dois anos de idade e sua madrasta, aos 4 anos, era objeto de ódio e rivalidade. Reviver a situação da infância com o noivo e a mãe dele reaviva o ódio ao pai, que se desloca para o noivo indeciso. O conflito atual real se torna neurótico e a passagem pelo objeto homossexual desencadeia uma heterossexualidade compulsiva. O ódio à madrasta e o amor à mãe desembocam na ambivalência, tratada na transferência. Com seis meses de análise ela sai sem sintomas, mas não muda de caráter, precocemente estabelecido em sua vida: ela fora marcada, muito cedo, pela morte e pela culpa em relação aos desejos de morte.

O sintoma é um compromisso entre a tendência pulsional e a interdição e, no seu caso, as representações obsessivas ocupam o primeiro plano. Para escapar ao sentimento de culpa e à autopunição, ela levava uma vida de renúncias, dúvidas e homossexualidade inconsciente. Podendo resultar disso, como ressalta Helen Deutsch, uma incapacidade para constituir a escolha de objeto heterossexual. A fixação na fase sádica reforçaria o complexo de masculinidade, melhor observado nas obsessivas cuja neurose se restringe à formação do caráter obsessivo.

Lembremos que Freud aponta três destinos para a sexualidade infantil da menina: a inibição, que frequentemente vai de par com uma inibição da atividade intelectual, o complexo de masculinidade e a feminilidade, que Freud associa à maternidade. Divergindo um pouco de Freud, Helen Deutsch associa a feminilidade aos sofrimentos da maternidade, de tal forma que o gozo feminino estaria para ela articulado a fantasias masoquistas destacadas por Freud: ser submetido ao coito e, especialmente, ser violada. Assim, o complexo de masculinidade pode ser uma defesa contra as fantasias masoquistas.

Comentários

O primeiro caso parece mostrar uma grave neurose obsessiva, onde o perigo está no próprio pensamento. O sintoma se divide em duas vertentes: um ato que busca satisfazer uma tendência inconsciente e um ato que vem corrigir, anular o primeiro. Na entrada da adolescência há uma mudança significativa: o caráter meticuloso e as formações reativas vêm substituir as tendências sádico-anais recalcadas. A neurose pode parar aí, com um forte caráter obsessivo, sem sintomas propriamente ditos. A capacidade de amar, a liberdade de movimentos e a libido permanecem pobres nessas pessoas, pois uma grande parte de sua energia psíquica é utilizada para manter a formação reativa e impedir o retorno do recalcado. Nesse primeiro caso, é a morte do pai, seguida da morte da mãe, que desencadeia os sintomas obsessivos.

Em sua leitura do primeiro caso, Lilia Mahjoub[46] salienta que a neurose da paciente se desencadeia após a morte do pai, quando ela se aplica a substituí-lo, colocando-se a vigiar os irmãos. Ela quer se casar com o chefe rico e sacrificar seu objeto de amor – o jovem pobre – o que não deixa de evocar o caso do Homem dos Ratos. Seu ódio e desejo de morte contra os irmãos provoca a defesa: ela precisa vigiar e proteger os irmãos, que são para ela objetos falicizados, entre os quais está o irmão que ela seduziu na infância. Há também o deslocamento de um objeto original para objetos insignificantes que ela enterra e desenterra, lava etc.

O olhar aparece na mãe que vigia demais e não vê o que devia ver. Por outro lado, a mãe lhe havia dito que se alguém toca os olhos depois de tocar os órgãos sexuais, fica cego. Como o irmão se suicida, ela desenvolve a ideia obsessiva de ter pego e transmitido sífilis

46 MAHJOUB, 2007.

ao irmão. O sentimento de culpa toma aqui o lugar de causa da angústia, da qual suas compulsões e cerimoniais a protegem.

A análise libera a paciente de seu sofrimento, mas não chega a lhe dar o prazer de viver nem a liberar sua sexualidade recalcada. Ela se torna freira e faz da religião uma sublimação. Os ritos obsessivos são substituídos pelas orações e penitências. Tal recusa da sexualidade e tal necessidade de expiação permanecem inabordáveis pela psicanálise, assim como distintas da experiência mística, tal como pensada por Lacan em afinidade com o gozo feminino.

No segundo caso, apesar de perder a mãe aos dois anos, a paciente só tem sua neurose desencadeada na idade adulta. Como no caso de Maurice Bouvet, os órgãos masculinos são objeto das obsessões. Há ciúmes e homossexualidade inconsciente. E o caráter permanece apesar da análise. Algo no caráter volta sempre ao mesmo lugar, como um real que não muda no sujeito. Veremos, no último capítulo, no caso de uma analista que terminou sua análise, como o caráter pode ser articulado a algo real da fantasia que não se atravessa.

A formação do sintoma em dois tempos aparece no primeiro caso: as tendências eróticas que exigem satisfação e as que interditam. Para Helen Deutsch, o combate daria lugar a dois tipos de neurose obsessiva: para alguns, como no segundo caso, o combate permanece na ruminação obsessiva, no pensamento. Para outros, ele reside na ação, na compulsão, como no primeiro caso, desembocando paradoxalmente em uma paralisação total.

A analista retoma o que Freud elabora sobre a fase fálica na mulher, interessando-se pelo que ela considera constitutivo da posição feminina: a posição masoquista. No primeiro caso temos primeiro o sadismo e depois uma orientação para o masoquismo. Helen Deutsch considera que uma mulher pode se satisfazer na relação aos filhos, à gravidez, ao aleitamento, à posição materna, portanto, sem satisfação propriamente genital, esta última ligada à dialética da privação fálica. Ela considera, no entanto, que se uma mulher possui identificações masculinas, elas não deveriam ser desfeitas pela análise, pois isso a frustraria no plano genital e a levaria ao *Penisneid*. Ou seja, para Helen Deutsch, a satisfação feminina pode residir em outro lugar que não a relação genital, podendo haver outras satisfações fálicas além da sexual.

Parece importante, nos dois casos, destacar o acontecimento de uma perda real: a morte do pai e depois da mãe, no primeiro caso, e a morte da mãe, no segundo caso; na formação dos sintomas, no primeiro caso, e do caráter, no segundo. A identificação com o lugar do morto e o desejo de morte têm papéis importantes nos dois casos, na formação dos sintomas, sejam eles ideias obsessivas e compulsões ou formações reativas que constituem o caráter obsessivo. No entanto, o desejo de morte não é suficiente para diagnosticar a neurose obsessiva, como mostra o caso de Dostoievski que Freud diagnostica como histero-epilepsia: ele deseja a morte do pai e se identifica ao pai morto nas suas crises de grande mal epiléptico[47].

Se, nos sintomas histéricos, o paciente cai, como morto, no que chamaríamos de um sintoma conversivo, na neurose obsessiva o que vemos é a mortificação, e mesmo a petrificação; o corpo que não pode ser tocado, em contraposição a um excesso de gozo experimentado na infância, do qual a paciente tem que se defender. Ao $-\varphi$ da castração que o histérico cobre com uma identificação, opõe-se o Φ na neurose obsessiva, impossível de negativizar, que retorna na falicização dos objetos, nas compulsões e mesmo na fantasia escópica. Talvez por isso, numa segunda edição, em francês, do Seminário *A transferência*, o matema da neurose obsessiva traga, em lugar do φ, o Φ[48]. É o que veremos nos próximos capítulos.

47 FREUD, 1928/1974.

48 LACAN, 1960-1961/2001, p. 299.

4.
NEUROSE OBSESSIVA E FEMINILIDADE

Depois de examinar algumas referências fundamentais sobre a neurose obsessiva em mulheres em Freud, nos pós-freudianos e no primeiro ensino de Lacan, situaremos a neurose obsessiva em relação ao gozo fálico e sobretudo, em relação ao gozo feminino.

Os dois tipos de neurose obsessiva em mulheres vistos em Freud e nos pós freudianos, segundo predominem os sintomas ou o caráter obsessivo, podem ser pensados a partir do que o próprio Freud localizou como fracasso ou êxito da defesa. Quando há êxito da defesa, temos uma saúde aparente, ou o caráter obsessivo. Quando há fracasso da defesa, temos a doença neurótica propriamente dita. O êxito da defesa constitui um modo especificamente obsessivo de rechaço do inconsciente, onde as formações do inconsciente dificilmente aparecem. Por isso muitos sujeitos obsessivos dizem que não sonham, não fazem atos falhos e nem sintomas para serem analisados. Eles se identificam com seus sintomas, alojam-se bem neles. Quando fracassam as defesas ou formações reativas, aparecem os sintomas de retorno do recalcado, as ideias obsessivas, as compulsões.

Freud localizava um núcleo de histeria em toda neurose obsessiva, que seria um dialeto da histeria. Em suas primeiras concepções ele postulava uma cena passiva histérica – de sedução – prévia à cena ativa característica da obsessão: falta de gozo para uma, excesso para o outro[49]. As formações reativas que sustentam o caráter obsessivo, a ilusão de domínio consciente, sua saúde aparente e seu isolamento, constituem um fechamento em relação à dimensão transferencial do sujeito histérico. Pode-se assim entender Lacan ter feito da histeria um discurso e dizer que, se existe uma neurose na atualidade, trata-se da neurose obsessiva. E talvez por isso, no Seminário 24, *L'insu que sait de l'une bévue s'aile à mourre*, Lacan retome o conceito freudiano de defesa e considere que a função do analista é a de perturbar a defesa (lição de 11.01.1977). Também por isso a entrada em análise supõe a histerização do sujeito obsessivo.

Claudio Godoy e Fabián Schejtman propõem que

> é crucial distinguir o inconsciente como equívoco – *une bévue*, S_1 fora de sentido – tanto do inconsciente em sua dimensão discursiva e transferencial

49 FREUD, 1896/1976, p. 194.

– que implica uma elaboração de saber, S_2 – como da consciência obsessiva, já que estas constituem modalidades defensivas sinthomáticas das neuroses, que podem ser consideradas como neuroses não desencadeadas, onde os registros se mantêm amarrados por um quarto nó[50].

Como manejar a transferência para tratar essa neurose caracterial – fechada em si mesma, com certo equilíbrio e estabilidade, onde o caráter constitui o êxito da defesa que a mantém amarrada, como a couraça descrita por Wilhelm Reich[51] – que protege dos perigos internos da pulsão e das contingências do mundo externo? Pode acontecer inclusive que um paciente comece o tratamento de uma neurose desencadeada e que rapidamente se produza um fechamento e estabilização da neurose. O analista pode então funcionar, tanto como fator de abertura e perturbação da defesa, como de fechamento e estabilização, conforme perturbe a defesa ou favoreça a amarração.

Como sair desse ponto de fechamento que tende a fixar-se, perturbando o equilíbrio neurótico, para que os traços de caráter possam sintomatizar-se? Como passar do traço – que leva a um empobrecimento subjetivo pela inibição e rigidez – ao sintoma, que

50 GODOY; SCHEJTMAN, 2011.

51 REICH, 1989.

poderia ser analisado, sem produzir transferência negativa ou desconfiança na função da palavra?

No Seminário 23, *O sinthoma*, Lacan destaca a relação estreita da neurose obsessiva com o campo escópico. A pulsão é o "eco no corpo do fato que há um dizer" e para que ressoe, é preciso que o corpo seja sensível a isso. O corpo tem orifícios e os mais importantes são os ouvidos, porque não podem ser tampados. A histeria revela a ressonância do dizer no corpo. Mas o olhar compete notavelmente com o ouvido. Esse corpo tem um poder cativante e sua forma é como um saco, ou uma bolha, que pode inflar-se. O obsessivo é aquele que mais sofre com isso, pois é como a rã que quer ser maior do que o boi... Sabemos o que acontece na fábula. "Sabemos que é particularmente difícil arrancar o obsessivo dessa ascendência do olhar"[52].

Para Godoy e Schejtman, o obsessivo privilegia então a dimensão escópica, produzindo uma nomeação imaginária que opera como quarto nó, seu sinthoma, que mantém unidos os três registros RSI ao custo do isolamento, petrificação e mortificação que caracterizam sua rigidez.

A neurose obsessiva aparece assim definida, na lição de 17.05.77 do Seminário 24, como "o princípio da consciência"[53]. Nessa aula Lacan afirma que a neu-

---

52 LACAN, 2005/2007, p. 19.

53 LACAN, 1979.

rose se sustenta nas relações sociais, o que Miller lê como a imersão do Um do inconsciente na esfera do Outro[54]. Esse modo de incluir o Outro é uma defesa frente ao traumático do Um. Pode-se sacudir um pouco a neurose, diz Lacan, mas não é seguro que se a cure, pois ela é aquela que adquire a consistência defensiva mais rígida.

Se Freud e os pós-freudianos deram ênfase ao erotismo anal e à relação com a demanda do Outro, Lacan formula a relação do obsessivo com o campo escópico. Ele destaca a importância da consciência escópica no equilíbrio obsessivo, a "armadura obsessiva", o "eu forte". No Seminário 10, *A angústia*, se articulam o nível anal do dom com o plano escópico da imagem: "o que ele pretende que se ame é uma certa imagem sua"[55]. Ele mantém uma distância de si mesmo, difícil de reduzir na análise.

Juan Carlos Indart propõe pensar a consciência obsessiva como uma "autoconsciência"[56] que sustenta um ideal de tudo ver, uma espécie de panóptico em que o sujeito deixa na cena apenas "uma sombra de si mesmo"[57]. A defesa do obsessivo é essa "autoconsciência", fora da cena. No Seminário 8 essa consciência

54 MILLER, 2010, lições de 15 e 22.11.2006.

55 LACAN, 2004/2005, p. 350.

56 INDART, 2000, p. 24.

57 LACAN, 1957/1998, p. 454.

de si é também uma cumplicidade com o Outro que o observa[58]. O obsessivo tampa a falta do Outro com sua imagem fálica: sua imagem narcísica e a série de objetos falicizados para tampar a castração do Outro. Já nesse Seminário Lacan o vincula com a função da consciência, ao contrário da fantasia da histeria, onde o falo está sob a barra, referido ao inconsciente. No obsessivo há consciência da fantasia oblativa: oferece sua imagem ao Outro para saturá-lo. Ele pretende um controle fálico dos objetos para suturar a divisão subjetiva. Tudo seria calculável, com a ilusão de enganar a própria morte.

Neurose obsessiva e gozo feminino

Temos o hábito de pensar que as questões da histeria e da neurose obsessiva se repartem: para a primeira, questões sobre o sexo, ser homem ou ser mulher; para a segunda, questões sobre a vida e a morte. Por isso me interessei pelo seminário organizado por Juan Carlos Indart, de estudo de casos de neurose obsessiva articulados a uma questão sobre a feminilidade[59]. Não é apenas provocativo em relação à clássica bipartição entre histeria e obsessão, mas também tira consequências da

58 LACAN, 1991/1992, p. 251.

59 INDART, 2000, p. 8.

marca "erotomaníaca" que Lacan encontra no amor de que é capaz o obsessivo, no Seminário 10[60].

O que seria a marca erotomaníaca do amor? Miller o desenvolve no Seminário realizado no Brasil "O osso de uma análise": organiza, a partir de Lacan, as características sexuais masculinas e femininas no que concerne ao amor. Os homens teriam como característica um tipo de amor fetichista, em que se busca no objeto de amor um traço que se repete como condição de amor, marca de um significante. O exemplo clássico está no texto de Freud "O fetichismo", em que um homem escolhe seu objeto a partir desse fetiche que seria "o brilho no nariz". Acontece que o tal brilho, em um paciente criado na Inglaterra que veio posteriormente para a Alemanha, que seria, na língua alemã, *"a Glanz auf der Näse"*, era na língua inglesa esquecida *"a glance"*, um vislumbre do nariz. O nariz era o fetiche, que ele dotara de um brilho que só ele via[61].

Em oposição ao tipo de amor masculino, fetichista, $\Phi(a)$, haveria nas mulheres um tipo de amor erotômano, em que predomina a demanda de amor, ou seja, o falasser feminino como não-todo se dirige ao parceiro numa demanda de amor que é potencialmente infinita. Esse amor erotômano pode ser devastador, pois a

60 LACAN, 2004/2005, p. 350.

61 FREUD, 1927/1974, p. 179.

demanda dirigida ao Outro pode retornar sobre o sujeito como devastação[62].

$$-\forall x \xrightarrow[\text{demanda de amor}]{\overgroup{\text{Devastação}}} \cancel{A}$$

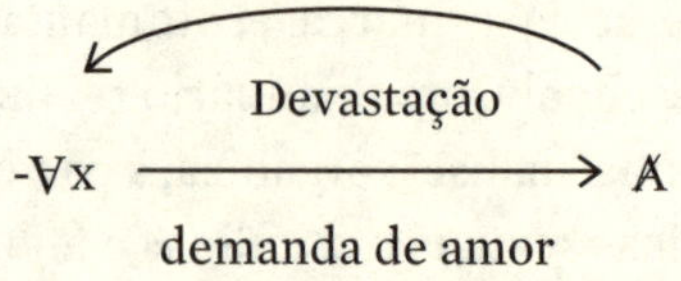

Indart buscará no sintoma obsessivo seu papel de amarração do gozo fálico com o gozo pulsional e, pela via do amor, com um Outro gozo, em um esforço de convergência para o sinthoma.

O que caracteriza o tipo clínico da neurose obsessiva? Freud nos aponta a satisfação fálica na compulsão obsessiva, satisfação paradoxal, na medida em que também é uma defesa. Se seguimos Lacan em seu texto "A terceira", de 1975, o gozo fálico deve ser localizado entre o simbólico e o real[63]. É o que vemos também no Seminário 23[64]. Com uma certa ousadia, Indart coloca, no polo oposto ao da compulsão como gozo fálico, a hipótese da feminilidade como um Outro gozo, situado por Lacan, no mesmo texto, entre o imaginário e o real, já que ele não tem nome no simbólico. No lugar do gozo pulsional entrariam o objeto anal e o escópico.

---

62   MILLER, 1998, p. 114.
63   LACAN, 1975, p. 190.
64   LACAN, 2005/2007, p. 70.

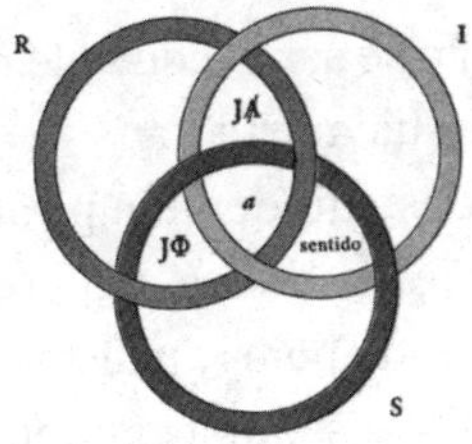

Esquema RSI

O sintoma compulsivo articula um modo de gozo com o simbólico. Não se pode ter compulsões sem o manejo de uma dimensão simbólica, como bem demonstra Freud com os sintomas obsessivo-compulsivos analisados em mulheres. O sintoma trabalha simbolicamente para apagar um símbolo que retorna inquietante e o obsessivo se defende com significantes de um significante especial que retorna. Ele traz à luz o papel do falo como Φ.

No outro extremo – da feminilidade – temos uma articulação do imaginário com o real, onde se situaria a feminilidade: no amor erotomaníaco há exacerbações da imaginação, fantasias de glória e de heroísmo, tais como veremos, no próximo capítulo, em relatos de passe.

Mas Lacan começou com o desejo de morte, articulação do desejo com a morte. Especialmente no Seminário 6, *O desejo e sua interpretação*, ele trabalha o sonho de Freud do pai morto. “Ele não sabia que estava morto (segundo o seu desejo)”. O sintoma obsessivo trabalha uma solução ao problema do desejo do

Outro. Quando não se sabe o que ele deseja, o mais seguro é que deseje sua morte[65].

Indart vai construindo uma pirâmide com os elementos da neurose obsessiva, cuja outra face seria a oblatividade, utilizada pelos analistas da IPA para definir o final da análise e a etapa genital. No Seminário *O saber do psicanalista*, na lição de 06.01.1972, Lacan fala da oblatividade como "invenção sensacional do obsessivo"[66]. É uma solução para o desejo que o iguala à demanda do Outro. Trata-se da prevalência da demanda do Outro: pedir-lhe permissão, dar o que se tem.

Já temos portanto o desejo de morte, a compulsão e a oblatividade. Para a outra face da pirâmide, oposta à questão do falo e à compulsão, teríamos a dita feminilidade, cuja porta de acesso é o amor. Na lição de 26.03.1963 do Seminário *A angústia*, Lacan reflete sobre a tipicidade do amor no obsessivo, que ele amarra ao sintoma. O obsessivo ama de modo "erotomaníaco"[67]. As aspas indicam que não se trata de uma erotomania psicótica, mas de um amor que nos orienta em direção à problemática da feminilidade. Os ciúmes obsessivos podem ser pensados diferentemente da explicação edípica freudiana, pelo encontro com uma dimensão de não-todo encarnada pelas mulheres.

65 LACAN, 2013/2016, cap. V.

66 LACAN, 1972/2011, p. 92.

67 LACAN, 2004/2005, p. 350.

Esse amor representa a negação do seu desejo, diz Lacan, e o que o distingue de uma erotomania é o que o obsessivo empenha de seu no amor, oferecendo uma certa imagem sua que imagina não poder faltar ao outro, e que o mantém à distância de si mesmo[68].

No vértice da pirâmide estaria a satisfação escópica do sintoma obsessivo, na qual Indart situa a autoconsciência que Lacan propõe no Seminário 24[69]. E na base, o objeto a como resto da operação lógica do sujeito: o que a seriação do Um fálico produz define o impossível da solução. A solução oblativa, igualmente, encontra seu impossível e deixa um resto, com o qual se pode retornar à lógica da compulsão. Mas pode-se ainda saltar para a lógica da solução escópica, vértice superior, que mais uma vez tem seu impossível. Por esse resto se pode voltar às lógicas anteriores – compulsão, oblatividade, desejo de morte –, ou explorar a solução a nível do Outro do amor[70].

A anulação retroativa proposta por Freud[71] supõe o isolamento e está vinculada à compulsão como tentativa de apagar um acontecimento bem preciso, a escritura do Um fálico. É o isolamento freudiano que Lacan, com uma definição menos psicológica e mais

68 LACAN, 2004/2005, p. 350.

69 LACAN, 1979, Lição de 17.05.77.

70 INDART, 2000, p. 189.

71 FREUD, 1926/2018a, p. 57.

estrutural, chama de instalar-se no Outro, situar-se como aval do Outro[72]. A dúvida e a procrastinação se declinam a partir dessa instalação. A solução para a angústia suscitada pelo desejo do Outro e o gozo que o sintoma introduz correspondem à teoria de Lacan sobre a consciência como autoconsciência, que parece ser o aspecto mais consistente do sintoma obsessivo, sintoma expectador. Freud já dizia que o eu obsessivo se apega tenazmente à sua relação com a realidade e com a consciência[73]. A fantasia fecha o inconsciente e anula a divisão subjetiva. O sintoma, no final, permanece como resto não decifrável.

A neurose obsessiva é uma espécie de labirinto, com seus planos desencontrados. No final do Seminário 10, Lacan diz que tudo está feito a partir de movimentos lógicos com o objeto a. Não se pode entender o obsessivo isolado em uma dessas faces. Enquanto conservar a face que vincula seu isolamento à sua fantasia do Outro do amor, não pode atravessar o nó de sua obsessão. O impossível fálico está no lugar da não relação sexual, então há um problema com o feminino, não-todo.

Para Indart, ou reduzimos o sintoma obsessivo ao real do gozo fálico e ao mais de gozar, produzido por esse resto da mesma busca do gozo fálico que é

---

72 LACAN, 1960/1998b, p. 838.

73 FREUD, 1926/2018a, p. 57.

o objeto a, ou pensamos em outra possibilidade, para a qual Lacan deixou uma pequena frase: do sintoma obsessivo também se pode dizer que é recusar-se a ser um mestre[74]. Porque o saber do mestre se reduz ao falo e ao mais de gozar. Nos obsessivos, haveria uma invenção de saber distinta da do mestre. Devemos aos obsessivos indagações que apontam na direção de um Outro gozo.

Veremos, no capítulo 5, com alguns exemplos de finais de análise, as soluções singulares aos seus impasses: o que cessa e o que não cessa de se escrever. Trata-se de ir do lado compulsivo do sintoma obsessivo, como solução sintomática ao problema do gozo fálico, à face oposta da solução sintomática ao problema do Outro gozo, que não tem significante.

Parece possível concluir que o sintoma obsessivo é o isolamento freudiano, a instalação no Outro de Lacan e, fundamentalmente, a consciência como autoconsciência, que agrega a imagem de si e as ideias que um tem sobre si mesmo: uma fantasia escópica. Lacan diz que a análise sacode um pouco a neurose, mas ela tem um ponto incurável, pois se trata da consciência como tal. Estamos falando da identificação ao sintoma, que vai além da fantasia, mas não deixa de incluí-la, pois contém um elemento repetitivo que está escrito de um modo que não cessa de se escrever.

74 LACAN, 2006/2008, p. 371.

O sujeito pode curar-se, estar aberto aos desejos e contingências, mas de tempos em tempos tem que parar para avaliar a situação e projetar a imagem de si com suas complacências. De vez em quando é inevitável gozar com a imagem de si projetada no mundo: lógica do todo.

Freud começou com a compulsão em casos de mulheres. Ter o falo e manipulá-lo. O significante que se inscreve é o Um fálico, como demonstra a leitura de Esthela Solano, de que tratamos no primeiro capítulo. Indart observa que essa inscrição é antinômica a qualquer ideia de unidade corporal, pois o gozo do sintoma está entre simbólico e real e qualquer ideia unificante do imaginário se fragmenta. Isso corta o corpo em pedaços, produzindo como resto o objeto a, que se sustenta no olhar, na voz, no objeto oral, anal. No homem há um órgão, o pênis, alcançado pelo Um fálico, que talvez o marque especialmente com o sintoma da detumescência. Isso pode ser imaginarizado nas mulheres na zona do clitóris ou na erotização urinária: autoconsciência e erotização sob controle.

Nas mulheres, pode haver uma etapa em que imaginavam tê-lo, e muitas descobrem que, privando--se de tê-lo, podem sê-lo. O esforço de Lacan vai no sentido de utilizar o objeto a para uma operação de corte que o leve do gozo fálico a um Outro gozo, afastando o objeto a das soluções fálicas para deixá-lo suspenso em um mistério, o enigma do desejo do Outro.

A compulsão é a tentativa de reinserir o objeto no todo fálico. Se um obsessivo vem com suas bravatas e suas angústias, um corte que faça valer o que ele é como resto em direção ao desejo do Outro permite uma nova solução que o alivia. Mas ele pode fazer desse objeto um dom para a demanda do Outro, compensando a perda do instrumento compulsivo com a vertente de dar o que se tem. Na compulsão trata-se do Um fálico; na oblatividade, do objeto a.

No Seminário *A angústia*, Lacan vê outras possibilidades além da compulsão e da oblatividade. Já não se trata da demanda do Outro mas, desde a autoconsciência, de resolver o desejo do Outro pelo amor. Entramos na face das fantasias heroicas e gloriosas, pelas quais o obsessivo busca ser causa do surgimento do Outro do amor: fantasias de amor "erotomaníaco" típicas do sintoma obsessivo. O confronto com o não-todo desperta angústia e pode levar à solução oblativa. Como se situa aí o analista? É possível sacudir o vértice superior do sintoma, a fantasia escópica? É o que veremos no segundo caso de passe estudado no próximo capítulo.

Para Indart, o essencial seria atravessar a fantasia de onividência. O psicanalista, produto da análise, como dejeto do herói. Ao objeto a, que tende a cobrir-se de imagens, se pode dar um valor lógico que faz a mediação entre as aspirações ao todo fálico e as aspirações ao todo do Outro gozo. Se a morte, como a feminilidade, não tem inscrição simbólica, ambas insistem com seu real no sintoma obsessivo.

Se, no Seminário *A angústia*, o traço próprio do amor na obsessão é a "erotomania", Lacan detecta, posteriormente, que o sintoma obsessivo exclui-se do discurso do mestre, se defende e pode articular-se ao amor como dar o que não se tem. Enquanto permanece na fantasia oblativa da imagem de si, há uma trava, tanto nos homens quanto nas mulheres, obcecados pelo amor. É o atravessamento dessa fantasia que veremos no primeiro caso de passe estudado a seguir.

Lacan diz que o sintoma obsessivo inventou que a morte poderia ser um ato falho, ou seja, a realização de um desejo, como no caso do Homem dos Ratos. Haveria uma morte inscrita no inconsciente, não ao nível de um significante, mas de sua falha, na qual habita um desejo. Isso atormenta o obsessivo e o faz pretender controlar tudo. Com o esforço permanente de anular a divisão subjetiva, ele pretenderia assegurar uma certa imortalidade, defendendo-se de algo que poderia vir dele mesmo, face real do sintoma.

5.
FINAIS DE ANÁLISE NA NEUROSE OBSESSIVA

A partir das apresentações sintomáticas particulares à neurose obsessiva, assentadas na fantasia anal (oblatividade), escópica (erotomaníaca), fálica (compulsiva) ou no desejo de morte, particulares ao tipo clínico, veremos agora dois casos de sujeitos obsessivos que foram além dos impasses da neurose através do que Lacan chamou de passe, sendo nomeados Analistas da Escola (AE). O passe é um dispositivo onde um analisante que se torna analista testemunha do seu percurso de análise e de como ele pôde concluí-la. Veremos portanto como cada um deles inventa para si uma saída singular, que passaremos a estudar agora.

Caso 1[75]

No primeiro caso, o trauma infantil relaciona-se com uma cirurgia realizada aos 8 anos de idade, onde um vazio no corpo tem que ser preenchido. O sujeito pensa que algo mortífero marcara seu corpo e teme sua repetição. O gozo da posição sacrificial articula-se à fantasia de ser sacrificado, inscrita em seu nome.

Sua primeira mulher, qualificada de "indomável", alimentava sua fantasia de fazer-se expulsar pela mulher que não podia domesticar. Assim se manifesta seu amor "erotomaníaco" por mulheres perdidas, até o encontro de uma mulher "de outro lugar".

Sua terceira análise inicia-se com a angústia em relação ao excesso de demandas às quais respondia com isolamento, inércia e olhar melancólico sobre a vida. Pensava viver como um escravo, na prisão por ele mesmo construída. O analista intervém para "fazer calar o supereu universitário". Não se tratava de responder ou não às demandas, mas de calar o supereu, de parar de trabalhar para tamponar a falta.

Relata a satisfação masoquista do clandestino: ver sem ser visto, escondido e armado no meio do campo do inimigo. Em sua "jaula do narcisismo" procurava assegurar a consistência do Outro, ao preço de concebê-lo como invasor e mortificante. Tudo para o

75 MANDIL, 2013.

Outro tinha como efeito a mortificação do seu desejo, ao mesmo tempo em que atribuía o excesso de gozo e o mal-estar à mulher – gozo feminino enigmático em sua versão Desejo da mãe.

Uma intervenção do analista aponta a mochila do clandestino, pesada, porque carrega todos os objetos que o Outro poderia lhe demandar. Ele mesmo transporta sua bolha. É um ensacador de demandas, que literalmente coloca dentro de um saco de plástico. Transforma o desejo do Outro em demandas às quais tenta dar medida. A intervenção do analista aponta a degradação do desejo em demanda. O significante do desejo, Φ, é degradado em φ, falo imaginário, que faliciza os objetos da demanda do Outro.

O matema da pulsão, ($<>D), sujeito articulado à Demanda do Outro, é uma exigência pulsional, figura do supereu. Próximo ao final, um sonho desencadeia sua angústia. Trata-se de um novo encontro com o real, na relação com o feminino ou na sua interpretação do Desejo da Mãe. As versões da mulher – perdida, abandonada, para ser cuidada, que não pode saber do seu desejo, clandestina – são interpretações do enigmático Desejo da Mãe, modos de se apaziguar diante do desejo do Outro. O encontro com o impossível de interpretar do gozo feminino exige lidar com ele para além dos modos conhecidos da fantasia, requerendo uma nova aliança com a opacidade do gozo.

Em um outro testemunho sobre o falo no final da análise, esse AE nos lembra que o falo, no ensino de Lacan, é primeiro uma significação, engendrada pela incidência do Nome do Pai sobre o Desejo da Mãe. É o que Lacan chama de falocentrismo, na "Questão Preliminar a todo tratamento possível da psicose"[76]. Já no texto "A significação do falo", do mesmo ano, o falo é o significante do desejo[77], mas pouco tempo depois, Lacan fará do falo o significante do gozo, ou da "escapada da vida"[78].

Acrescentamos que, no Seminário *A angústia*, a castração remete fundamentalmente à desaparição do órgão fálico no momento do orgasmo masculino, ou seja, o falo é associado ao órgão e à sua potencial tumescência e detumescência[79]. E as fórmulas da sexuação, paulatinamente construídas até sua apresentação no Seminário 20, dão lugar à função fálica e ao que Lacan chamará de contingência do falo[80]. Finalmente, no Seminário 23, Lacan localiza o gozo fálico entre o Simbólico e o Real, distinguindo-o do Outro gozo, localizado entre o Imaginário e o Real[81].

---

76 LACAN, 1959/1998, p. 561.

77 LACAN, 1958/1998, p. 699.

78 LACAN, 1986/1988, p. 376; LACAN, 1960/1998b, p. 838.

79 MILLER, 2005, p. 37.

80 LACAN, 1975/1985, p. 105 e 126.

81 LACAN, 2005/2007, p. 55.

Com esses instrumentos conceituais, é possível reler o vazio no corpo, que não tem mais que ser preenchido como imperativo superegoico. Com o sintoma "ensacador de demandas", o sujeito procurava dar uma medida fálica a tudo que se apresentava como demanda do Outro. Através de sua fantasia, procurava converter a falta no Outro em objetos passíveis de serem "ensacados". A fórmula "há um vazio em seu corpo e ele precisa ser preenchido" permite apreender a significação fálica dada a esse vazio. A interpretação do analista lhe permite perceber que é impossível ter a justa medida e que é justamente a partir do vazio que um corpo pode se estruturar. Emerge, então, a figura do saco vazio, vazio plástico, maleável, que é da ordem de um sinthoma que lhe traz satisfação[82].

Na experiência desse AE, a abertura dos orifícios corporais foi vivida, no imaginário, como um encontro com a inconsistência corporal. O masoquismo pode ser um modo através do qual o falasser procura assegurar-se da consistência do seu corpo, como indica Lacan no Seminário 23: a experiência de escapada do corpo, no relato do personagem de James Joyce, mostra a ausência dessa fantasia para dar consistência a seu corpo[83]. No caso deste AE, por mais aterrador que fosse o modo de viver a cena fantasmática,

82 MANDIL, 2015, p. 186-187.

83 LACAN, 2005/2007, p. 64.

seu corpo estava lá. O consentimento com um vazio inassimilável em seu corpo, a consideração da consistência corporal na perspectiva do não-todo, abrem a possibilidade de extrair uma nova satisfação a partir desse vazio, ali onde a resposta fantasmática era a de fazer consistir um corpo pesado e mortificado.

Mas para fazer o passe não é suficiente encontrar o gozo opaco do sinthoma, despojado da fantasia fálica. É preciso refazer um laço com o Outro. Para esse falasser, trata-se da passagem da oblatividade – que implica uma mortificação do desejo – à generosidade, que significa dar o que não se tem. É nessa perspectiva que ele faz o passe, não mais mortificado pela demanda do Outro, mas movido pelo desejo de construir um Outro saber, não-todo, sobre um Outro gozo.

Caso 2[84]

Este segundo testemunho nos ensina que uso se faz da fantasia na neurose e depois do final da análise, assim como a relação entre a fantasia e o sintoma no final.

Se Lacan insiste em que não há progresso, isso se deve à insistência da compulsão à repetição. Este AE chama de decantação paulatina um ir e vir sem linearidade para, no final, ficar com o melhor proble-

84 TUDANCA, 2018.

ma que pôde obter. Uma não solução assumida, consentida. Congruente com um saber fazer aí com o sinthoma, não mais um sintoma analisável, mas um resto sintomático.

Durante sua primeira análise, casou-se com uma mulher "pobre", que caía na equivalência pai/dama, e teve seus filhos. O pai deixou uma dívida não paga e, no amor, ele dava o que tinha. O suporte desse amor oblativo é o objeto anal, com submissão à Demanda do Outro. Isso pode durar uma vida, ele diz, defendendo-se do desejo do Outro e sendo comandado pelos S_1: pobre, dever e dívida, que sustentam o pai.

Esse tipo de amor deixa como resto, para este sujeito, certa insensibilização corporal, nome do que Freud chama de separação entre o amor e o desejo típica no mundo do obsessivo e que já é lida por este AE como um acontecimento de corpo: quando ele ama, o corpo não responde com desejo.

Seu endividamento o leva à separação. De dar o que tem e endividar-se, passa à causa de uma mulher que conjuga amor e desejo, a quem dá o que não tem, corte crucial na análise de um homem, que faz emergir a sensibilidade ausente. O que tornava essa mulher valiosa era o fato de desejar ser resgatada, salva de algum Outro. Da equivalência pai/dama, passa à equivalência mãe/mulher. Na fantasia escópica ele se vê salvando A mulher, sacrificando-se pela realização dela, num amor de imaginação, idealizado. É sua maneira de formular uma pergunta sobre o feminino. Como sair dessa posição?

O analista intervém indicando-o para escrever para uma Revista de cultura: *A mulher de minha vida*. Escreveu sobre "A figura do herói". A fantasia escópica abre a pergunta pelo ilimitado do gozo feminino.

Atravessada a fantasia escópica, passa por um período de saldo cínico: não saía para salvar ninguém, mas tampouco permanecia com ninguém. Desorientado, mas sem angústia. O analista lhe indica um filme e um livro: *Mulheres*, de Philippe Sollers.

Tem um sonho que diz: há duas formas de amar, a degradação e o *einziger Zug*, termo de Freud em "Psicologia das massas". Não sabe nada de alemão, então consulta uma colega cuja língua materna é o alemão. Esse termo vem de "um", sozinho, singular. Era alguém que lhe interessava: encontro de um singular com uma singular, cada um com seu traço unário.

Deixar de crer n'A mulher lhe permite encontrar uma mulher como sintoma, escolhida por outra lógica que não a fálica. Não toda. No amor se trata de dois meio dizeres que não se recobrem.

Destacam-se nesse passe três tempos:

No primeiro, de amor oblativo, o sujeito dá o que tem, e estão em pauta o objeto anal, a dívida, a demanda do Outro, a mulher pobre e o pai, com amor e ódio, e o corpo insensibilizado, disjunto do desejo.

No segundo tempo, o amor escópico, heroico, transcende o falo n'A mulher, dirige-se ao Outro sexo e pergunta pelo feminino. O sujeito já recupera a sensibilidade, ao conjugar o amor ao desejo.

Finalmente, num terceiro tempo, um amor mais real, se enlaça ao Outro sexo por um traço, a língua desconhecida. Esse amor prescinde da reciprocidade e vai do contingente ao necessário. Há um furo em torno do qual se tece a relação.

Sempre há restos, conclui o AE: sintomáticos, fantasmáticos. Se a fantasia não desaparece, o sujeito, advertido, pode tomar distância e fazer uso dela. A fantasia é uma relação e, após sua travessia, tem-se que saber fazer com a não relação, no amor e nas outras coisas da vida. O sujeito deixa de insistir obsessiva e compulsivamente em estabelecer relações, o que torna a vida mais leve e tem efeitos vivificantes no corpo. Ao deixar de crer n'A mulher, pode fazer de uma mulher um sintoma.

O saldo cínico é tentador no sentido de tornar mais fácil a vida, sem Outro. Mas é preciso ir além para fazer laço. Se a fantasia faz existir o Outro, atravessá-la é ir em direção ao Outro barrado, saber fazer aí com o desejo do Outro.

Conclusões

Para concluir uma análise, um sujeito obsessivo do sexo masculino deve poder ir além da compulsão fálica, da fantasia oblativa e da fantasia escópica, onde já se coloca uma relação com o Outro gozo. Este pode ser devastador e se fixar em uma mulher que encarna a voz do supereu. É preciso ir além, tanto do gozo cínico de não permanecer com nenhuma, quanto do gozo narcísico de fazer existir A mulher. Por isso o final da análise exige ao sujeito masculino um confronto com o gozo feminino e maneiras de saber fazer aí com esse gozo Outro, presente, não somente na mulher como parceira, mas nele mesmo para além da medida fálica. Nos dois casos relatados aqui, esse encontro com o Outro gozo passou por uma mulher estrangeira ao seu modo de gozo, uma mulher de outro lugar ou de outra língua. Ir além dessa medida fálica implica em fazer uso dela: "uma análise permite a um sujeito se desencanar em relação ao gozo fálico, com a condição de poder dele se servir"[85]. Desencanar indicando aqui tanto se livrar de uma ideia fixa como retirar o que imobiliza, tornando-se móvel.

O obsessivo, em seu gozo narcísico de completar o Outro com uma bela imagem de si, pode requerer do analista intervenções bastante ativas, como vimos nos dois casos acima, como também no caso de outro

85 Cf. MANDIL, 2015, p. 186.

AE. Em um dado momento, o analista lhe diz: "você foi mais abandonado do que pensa"[86]. Em um passe cheio de humor, ele mostra o quanto pode ser difícil para um obsessivo atravessar sua fantasia fálica, muitas vezes sacrificial, para defrontar-se com o não-todo do gozo feminino, para além da medida fálica.

Veremos, no próximo e último capítulo, como uma mulher que se diagnostica obsessiva termina sua análise e se vira, à sua maneira, com o não-todo do gozo feminino, tentando responder à nossa pergunta sobre a especificidade da neurose obsessiva feminina.

86 VITALE. De la pesadilla de la historia a los acontecimientos de cuerpo, inédito.

6.
A NEUROSE OBSESSIVA EM UMA MULHER E SUA ANÁLISE

Para terminar, veremos um caso de neurose obsessiva em uma mulher que, a partir de sua análise e sua nomeação como AE, se diagnosticou dentro da estrutura da obsessão. Acompanharemos seu quinto testemunho, intitulado "A estrutura clínica", assim como a retomada do seu próprio passe seis anos depois[87]. Tentaremos responder, a partir de seu caso, à nossa pergunta sobre a especificidade da neurose obsessiva na mulher e se haveria uma alternância entre o caráter obsessivo e a angústia – ou o sintoma – assim como uma relação entre a fantasia e o caráter obsessivo.

Esse testemunho é interessante para pensarmos a neurose obsessiva na mulher porque este é um tema bastante polêmico entre os próprios analistas. Muitos colegas pensam que os sintomas obsessivos, na mulher, recobrem a estrutura da histeria. Outros pensam que a neurose obsessiva seria um diagnóstico bas-

---

87 BRODSKY, 2013, 2018.

tante raro na mulher e que, quando aparece, exige o diagnóstico diferencial com a psicose. Ora, não é este o caso desta AE, cujo autodiagnóstico será o ponto de partida para acompanharmos as questões que ela mesma levanta.

Desde os seus 21 anos, numa primeira análise, ela se perguntava: o que sou? Histérica ou obsessiva? Não conseguia localizar-se na estrutura e como havia padecido de uma fobia infantil, concluiu inicialmente que era fóbica, e que na adolescência sua fobia, desaparecida aos 6 anos, teria se convertido em contra fobia. Se não encontrava sintomas obsessivos, perguntamo-nos, estaríamos diante de um caráter obsessivo?

O impossível de suportar que a levou a pedir análise se apresentou sob a forma de um Outro caprichoso cuja ira a enchia de angústia e a levou a pedir-lhe análise para apaziguá-lo. A súbita emergência de um capitão cruel que a acusava de uma falta que não pensava ter cometido mas pela qual se declarava culpada, reacendeu a questão: histérica ou obsessiva?

Sonha que está na sala de espera de Lacan e quando o encontra, diz: estou pensando em voltar para meu país, mas duvido. Risonho, enfático, ele interpreta: "Mas isso é um diagnóstico de estrutura!" No dia seguinte, em sua primeira entrevista, conta o sonho e a analista responde, entre cética e irônica: "Vamos ver!"

Doze anos depois, em uma terceira análise, sonha que está com um homem em um apartamento e escuta o barulho do elevador. Alguém sobe. Retrocedem até o ponto de onde já não é possível escapar. Desperta angustiada. O analista pergunta: quem sobe? Ela responde: "é S, a esposa, mas porta meu impermeável". Conclui que S é a Outra, mas a converte em sua semelhante, vestindo-a com seu impermeável. É a redução do Outro ao pequeno outro especular, tal como propõe Lacan no Seminário 8, *A transferência*[88]. Diz ao analista: "Creio que sou obsessiva". O analista se entusiasma: "Eureka! Você resolveu!" Mas agrega: "Embora sempre, atrás da obsessão, esteja a histeria". Vemos assim que ambos os analistas têm o cuidado de não fixá-la a um diagnóstico.

Passa então de uma pergunta ontológica: "O que sou?" a uma preocupação pragmática: "para que serve?"

Na crise da Associação Mundial de Psicanálise de 1998, o analista lhe pede para escrever uma carta. Passa a noite fazendo isso e, de manhã, leva a carta ao analista, que a deixa sobre a mesa. Ela observa que, como diria Lacan, "frente à demonstração de tão boa vontade de nossos pacientes, como duvidar do efeito de certo desdém por parte do amo para com o produto de tal trabalho?"

88 LACAN, 1991/1992, p. 255.

Reconhecer-se obsessiva lhe traz uma lembrança de infância: as crianças da vizinhança brincavam na quadra alegremente enquanto ela, angustiada, furava o bloco de recibos dos negócios do pai. Aí já havia encontrado uma defesa eficaz frente à angústia suscitada pelo gozo do Outro. Isso deve ter sido posterior à cena traumática em que os pais chegam de uma festa, rindo felizes, a sentam em cima de um armário e ela cai em prantos, estragando a festa dos pais. Eis a fantasia: estragar a festa do Outro, ou, por outro lado, ser ela a voz que anima o Outro. Pois a mãe era surda e havia o mito de que não podia ter filhos para não ficar totalmente surda. Ela se dá então o papel de ser a voz que anima a mãe e faz suplência à surdez supostamente agravada por seu nascimento.

Aos 15-16 anos, surge uma segunda fantasia emblemática: o namorado jaz na cama, morto. Pensa no gozo insubstituível que perdia. Decide conservar algo

desse gozo a ponto de perder-se e se representa seu falo ereto guardado como relíquia em um vidro com formol. Por um lado, o corpo morto. Por outro, Φ, presença real, culto ao falo eternamente ereto, impossível de negativizar. Cisão da vida amorosa e programa de gozo: de um lado o parceiro castrado, morto, de outro o gozo preservado, garantido, o falo do seu lado.

O final da análise é desencadeado após uma festa: vê o analista dançando animado. Ele já não encarna o corpo morto do significante mas o corpo vivo, desejante, gozoso, no qual se reúne o que a estratégia neurótica se encarregou de isolar, mortificar, tal como a fantasia põe em cena. É a mesma estratégia do sonho do elevador porque, para reduzir o Outro ao semelhante, é preciso extrair-lhe o gozo sem medida que o torna Outro.

A atualização desse passe se dá no Seminário sobre a fantasia realizado por Fabián Naparstek em Buenos Aires, em 2018, onde inicialmente se estudam os textos dessa AE, que depois é convidada para uma conversa[89].

O atravessamento da fantasia se dá na festa em que vê o analista dançando animado. Pois até então o analista fora seu parceiro sintomático, consentindo com seu gozo de ser a única. Na fantasia, por um lado, ser a única, S_1; por outro, ser a voz que anima o Outro, ou que arruína a festa do Outro, a. Na festa percebe que o Outro goza sem necessidade de sua voz ou de seu auxílio. A fantasia mente – conforme a fórmula de Pierre Naveau[90] – e a fez acreditar que era ela que animava ou estragava a festa. Com o atravessamento percebe que cada um faz a festa como quer. A travessia a deixa diante do gozo do Outro, independente do seu próprio sintoma. Até então ia à análise para animar o analista, montando sua fantasia a cada sessão. Na travessia,

89 BRODSKY, 2018.

90 NAVEAU, 1994.

Lacan localiza a destituição subjetiva do analisante e o des-ser do analista, que cai como um resto. Aqui, o que aparece é o analista vivo. Se até então tínhamos um analista esvaziado de gozo no desejo do analista, agora temos o analista que goza, presença viva, que escapa à fantasia, desnuda-se da fantasia que o vestia. Essa cena a remete à cena traumática da infância, em que os pais, vindos também de uma festa, riam felizes diante dela. Ela cai em prantos e acaba com a alegria dos pais. Como na fantasia do namorado morto e o falo guardado no formol, o analista, parceiro de sua fantasia, é mortificado. O falo fica do seu lado e assim evita a castração. A queda da fantasia faz aparecer o corpo gozoso do Outro, que não mais encarna o corpo morto do significante, mas o corpo vivo e desejante.

O final da análise não lhe dá nenhum gozo suplementar, feminino, ela diz, pois com esse gozo sempre teve que se haver. No final tem um sonho em que se vê

no espelho sem braços, como a Vênus de Milo. Sem braços, a melhor solução é deixar-se abraçar[91]. Castrada, precisa do Outro para abraçá-la. Não é ela que anima o Outro, ela subjetiva algo da castração e consente com o desejo do Outro.

No entanto...

No final do seu ensino, Lacan espera algo mais que a travessia da fantasia, lembra essa AE, no final da aná-

91 BRODSKY, 2015, p. 88.

lise. Para além da travessia aparecem o corpo e o sinthoma. Corpo do analisante e, neste caso, também do analista. No final, em vez de encontrar um vazio ou a não relação sexual, ela encontra o vivo, o que há. Quando vai ao Seminário de Fabián Naparstek, ela se pergunta como vive a pulsão após a travessia da fantasia, retomando a questão de Lacan no final do Seminário 11[92]. Quando percebe que o Outro goza sem seu auxílio e sem sua voz, libera a pulsão de seus usos fixos. O passe abre para a satisfação de fazer-se escutar, de animar outros, sem o pressuposto que sejam surdos ou impotentes. "Não sou única nem arruíno a festa de ninguém".

Mas depois de um tempo pós-analítico, a AE se pergunta se a travessia libera a pulsão de seus usos fixos a longo prazo. É preciso tempo para ver se algo cessa definitivamente ou como itera. A iteração diz respeito ao gozo, enquanto a repetição está articulada à cadeia significante. Se o que está ligado ao significante ou ao imaginário cessa, nesse momento ela se detém na frase "arruinar o gozo do Outro", ou seja, o sadismo da pulsão. Ela relê a frase da fantasia:

Tempo 1 – ser a única
Tempo 2 – ser a que fica fora da festa
Tempo 3 – ser a que acaba com a festa

92 LACAN, 1973/1985, p. 258.

Sua fobia infantil já servia para acabar com a festa dos pais...

Arruinar era a palavra faltante, que não podia lembrar da intervenção do analista: "é sua maneira de ..... o desejo do Outro": *piétiner*, pisotear, arruinar. Se antes tomou a palavra faltante como índice da falha no saber, limite do simbólico para nomear, hoje se pergunta qual é o destino desse real enodado na fantasia.

Fabián Naparstek lembra que numa entrevista, quando perguntam a Jacques-Alain Miller de onde tira energia para tudo que faz, ele o atribui à sua fantasia heroica. Faz uso de sua fantasia, mas é importante estar advertido dela[93]. Tropeçar com a mesma pedra, para o caso de um signo de gozo no campo do Outro e pôr em marcha uma forma de apagá-lo, arruiná-lo, mostra que há algo real na fantasia, que não cessa de se escrever. Quando volte a irromper o gozo do Outro, a função da fantasia vai ser requerida de volta.

Por isso Miller diz que o sinthoma é um misto de sintoma e fantasia[94]. Trata-se de saber fazer com algo que vai repetir-se da mesma maneira, o que equipara a dimensão real da fantasia com a pulsão. É aí que se introduz a questão do caráter. O que é egossintônico tem que ser sintomatizado, tornado egodistônico, para ser analisado. O traço de caráter não é dialético:

---

93 MILLER; MILLER-ROSE; ROY, 2017.

94 MILLER, 1998, p. 17.

o que resta é um saber fazer com ele a cada vez, estar advertido. No caráter está em primeiro plano a satisfação. Freud o faz aparecer como um modo de satisfação da pulsão, que não mobiliza o sintoma como mensagem do Outro. Para Miller, o sinthoma é um misto de sintoma e caráter[95]. Essa AE sugere então revitalizar o termo caráter para pensar a identificação ao sintoma. Com a diferença que o caráter seria pré-analítico e a identificação ao sintoma seria o caráter que alguém sabe que tem[96].

É aqui que se requer a interpretação como perturbação da defesa, onde se tem que pôr o corpo. O caráter seria o aspecto da fantasia que amarra o real pulsional, que itera no fazer, para além da repetição que acontece no dizer. A articulação Imaginário-Simbólico pode se atravessar, mas a dimensão real da pulsão não se atravessa. E essa dimensão pulsional pode iterar no caráter desses sujeitos que pretendem fazer tudo sozinhos, não dever nada ao Outro e, consequentemente, produzir fenômenos de transferência negativa.

Para Romildo do Rêgo Barros, nas análises de sujeitos obsessivos, o dispositivo parece atingir o funcionamento esperado somente após uma passagem pela transferência negativa, sob a forma de uma desconfian-

95 MILLER, 2003, p. 119.

96 BRODSKY, 2018, p. 135.

ça ou hostilidade. Assim, o analista parceiro do obsessivo seria aquele que sobreviveu à força do seu ódio[97].

O final da análise exige atravessar a transferência negativa até a decisão de concluir, que implica um saber fazer aí com a opacidade do gozo fora do sentido. Se o homem obsessivo parece encontrar uma maneira de se haver com o gozo feminino no final, passando por uma mulher, para a mulher obsessiva, por hipótese, esse gozo está lá desde sempre. Ao contrário da histérica que se queixa de uma falta de gozo, para a obsessiva há um excesso. Trata-se portanto de consentir com o que resta e itera, e inventar um saber fazer aí com o gozo não-todo, impossível de negativizar.

97 BARROS, 2012, p. 37.

ALGUMAS CONCLUSÕES

Partindo de uma pergunta sobre a especificidade da neurose obsessiva nas mulheres, fizemos um percurso, de Freud a Lacan, estudando as várias formas como os sintomas obsessivos se apresentam em mulheres. É notável a quantidade desses sintomas relatados por Freud, desde os seus primeiros textos sobre as neuropsicoses de defesa, até suas conferências introdutórias de 1916, passando pelos textos sobre atos obsessivos e práticas religiosas, assim como sobre o caráter e erotismo anal. Há uma diferença, já ressaltada por Freud, entre os sintomas – retorno do recalcado – e o caráter, que se apresenta como uma defesa que fecha o inconsciente, retomada por Lacan nos últimos anos do seu ensino e ressaltada por Jacques-Alain Miller, que aproxima o caráter do sinthoma.

Nos casos descritos por Freud, a estratégia dos sintomas obsessivo-compulsivos nas mulheres difere da estratégia histérica em alguns pontos, entre os quais destacaríamos que, enquanto a histérica toma a

Outra como encarnação do mistério da feminilidade, a portadora de sintomas obsessivos convoca a Outra como testemunha de sua capacidade de evocar o falo, fazendo Um com o homem na compulsão à repetição. Ela tenta corrigir assim o fracasso da relação sexual na origem dos seus sintomas, que são uma tentativa vã de cobrir a castração. Então, a mulher portadora de sintomas obsessivos agarra-se ao falo para evitar o encontro com S(Ⱥ), no que ela se reaproxima da histeria.

No entanto, a mulher portadora de sintomas obsessivos difere da estrutura da neurose obsessiva feminina reconhecida por Lacan no paradigma apresentado por Maurice Bouvet pois, nesse caso, temos o mesmo uso do falo que aquele reconhecido na neurose obsessiva masculina, cujo paradigma é o Homem dos Ratos. No caso de Bouvet, todas as insígnias da potência do homem são objeto de uma depreciação agressiva, ao contrário das mulheres portadoras de sintomas obsessivos que tentam, através deles, salvar a potência masculina. Na neurose obsessiva reconhecida por Lacan como estrutura obsessiva, o falo aparece em sua forma imaginária, seja como um elemento de poder, seja como algo hostil e perigoso.

Se Maurice Bouvet considera que sua paciente sofre de *Penisneid*, inveja do pênis, e pensa que a função do analista seria aplacar o supereu infantil feminino, encarnando uma boa mãe que dá à paciente o que ela quer, Lacan considera que o falo deveria ser situado aqui no nível do significante do desejo do Outro barrado, como enigma do desejo do Outro, e não *Penisneid*. Para Lacan, o falo não é um acessório de poder, mas o significante que simboliza o que acontece entre o homem e a mulher, ou seja, a não relação sexual. Na análise, não se trata de oferecer o falo, mas de permitir ao sujeito a subjetivação da castração, passando pela castração do Outro.

É nesse sentido que podemos entender o falocentrismo e sua queda: o falo é para Freud um significante que vale para os dois sexos, retomado por Lacan como operação da significação fálica, resultante da metáfora paterna. O que chamamos de queda do falocentrismo diz respeito ao declínio da função paterna e da significação fálica que dela decorre, e não do falo enquanto Φ, significante, para Lacan, primeiro do desejo e logo, do gozo impossível de negativizar. Assim entendemos a frequência dos sintomas obsessivos e a prevalência dessa neurose na contemporaneidade: quanto menos a significação fálica funciona para dar lugar ao desejo, mais o significante fálico se presentifica como imperativo de gozo. No lugar da hipermoralidade conflituosa do sujeito com os seus impulsos sexuais da época vitoriana, temos a culpa de não gozar o suficiente, característica da época em que o discurso da ciência tem como aliado o discurso capitalista.

Além dos sintomas obsessivos e da estratégia obsessiva que se manifesta nos casos paradigmáticos, à maneira da neurose obsessiva masculina, temos o caráter obsessivo, plenamente identificado a seus sintomas, cuja consistência fantasmática cobre a divisão subjetiva, ao mesmo tempo em que empobrece o sujeito e faz da consciência o seu sintoma, impedindo a abertura do inconsciente. É preciso diferenciar os casos em que o sintoma é uma suplência, amarração necessária ao falasser, daqueles em que o analista deve perturbar a defesa, possibilitando a histerização do discurso e a análise. A entrada no discurso analítico permite sair do funcionamento compulsivo, onde prevalece a posição fálica, ou do funcionamento oblativo, que gira em torno dos objetos oferecidos ao Outro. Quando esse objeto é a própria imagem do sujeito oferecida ao olhar do Outro para evitar a angústia suscitada pelo desejo feminino, temos o que Lacan chama de modo de amar erotomaníaco do sujeito obsessivo.

Que saídas haveria, então, para os neuróticos obsessivos, homens e mulheres? Através do estudo de dois casos de passe, em homens obsessivos, pudemos ver como a psicanálise possibilita ao sujeito ir além do seu tipo clínico, ao encontro de sua forma singular, sinthomática, de gozo, ao enfrentar a angústia relativa ao gozo feminino. No caso de uma mulher que se diagnosticou obsessiva, pudemos ver, por outro lado, como ela atravessou a fantasia fálica, a fantasia de completar o Outro com sua voz ou, ao contrário, sua estratégia de degradar o Outro, golpeando o seu desejo, e pôde lidar com o excesso de gozo presente desde a infância. O estudo dos sintomas obsessivos em mulheres, ou da relação da neurose obsessiva com o gozo feminino, mostra assim o que pode a psicanálise frente às apresentações da neurose na contemporaneidade, e a maneira como cada falasser que passa pela experiência da análise pode se virar com o resto que lhe cabe, modo de gozo singular enraizado em seu corpo pulsional.

REFERÊNCIAS

BARROS, R. R. *Compulsões e obsessões*: uma neurose do futuro. Rio de Janeiro: Civilização Brasileira, 2012.

BOUVET, M. Incidences thérapeutiques de la prise de conscience de l'envie du pénis dans la névrose obsessionnelle féminine. *Revue Française de Psychanalyse*, Paris, vol. 14, n. 2, p. 215-243, 1950. (Trabalho apresentado na Société Psychanalytique de Paris em dezembro de 1949.)

BRODSKY, G. El fantasma y el carácter. In: NAPARSTEK, F. *El fantasma, aún*. Buenos Aires: Grama, 2018, p. 127-139.

BRODSKY, G. Après-coup. *Revista Lacaniana de Psicoanálisis*, Buenos Aires, EOL, n. 18, 2015, p. 83-88.

BRODSKY, G. La estructura clínica. *Revista Lacaniana de Psicoanálisis*, Buenos Aires, Grama, n. 14, 2013, p. 103-110.

COTTET, S. A propósito da neurose obsessiva feminina. In: ___. *Ensaios de clínica psicanalítica*. Rio de Janeiro: Contra Capa, 2011, p. 82-99.

DEUTSCH, H. Cérémonial obsessionnel et actes compulsifs. In: ___. *Les introuvables*: cas cliniques et autoanalyse (1918-1930). Paris: Seuil, 1992a, p. 281-299.

DEUTSCH, H. Représentations obsédantes. In: ___. *Les introuvables*: cas cliniques et autoanalyse (1918-1930). Paris: Seuil, 1992b, p. 300-311.

FREUD, S. Novos comentários sobre as neuropsicoses de defesa. (1896) In: ___. *Edição Standard Brasileira das Obras Completas de Sigmund Freud,* v. III. Rio de Janeiro, Imago, 1976, p. 181-211.

FREUD, S. Atos obsessivos e práticas religiosas. (1907) In: ___. *Edição Standard Brasileira das Obras Completas de Sigmund Freud,* v. IX. Rio de Janeiro: Imago, 1976, p. 124-126.

FREUD, S. A disposição à neurose obsessiva. (1913) In: ___. *Edição Standard Brasileira das Obras Completas de Sigmund Freud,* v. XII. Rio de Janeiro: Imago, 1969, p. 393-409.

FREUD, S. O sentido dos sintomas. (1916) In: ___. *Edição Standard Brasileira das Obras Completas de Sigmund Freud,* v. XVI. Rio de Janeiro: Imago, 1976, p. 305-322.

FREUD, S. Inibição, sintoma e angústia. (1926) In: ___. *Obras completas*. v. 17. São Paulo: Companhia das Letras, 2018a, p. 13-123.

FREUD, S. Resistência e contrainvestimento, complemento a Inibição, Sintoma e Angústia. (1926) In: ___. *Obras completas,* v. 17. São Paulo: Companhia das Letras, 2018b, p. 103-108.

FREUD, S. Fetichismo. (1927) In: ___. *Edição Standard Brasileira das Obras Completas de Sigmund Freud,* v. XXI. Rio de Janeiro: Imago, 1974, p. 173-185.

FREUD, S. Dostoievski e o parricídio. (1928) In: ___. *Edição Standard Brasileira das Obras Completas de Sigmund Freud*, v. XXI. Rio de Janeiro: Imago, 1974, p. 203-223.

FREUD, S. Conferência XXXII, Angústia e instintos. (1933) In: ___. *Obras completas*, v. 18. São Paulo: Companhia das Letras, 2010, p. 224-262.

GAZZOLLA, L. R. *Estratégias na neurose obsessiva*. Rio de Janeiro: Jorge Zahar Ed., 2002.

GODOY, C.; SCHEJTMAN, F. La neurosis obsesiva en el ultimo periodo de la enseñanza de Lacan. Cidade do México: NEL-México, 2011.

INDART, J. C. *et al*. *Neurosis obsesiva: compulsión y femineidad*. Buenos Aires: Vigencia, 2000.

LACAN, J. *O seminário*, livro 5: *As formações do inconsciente*. (1998) Rio de Janeiro: Jorge Zahar Ed., 1999.

LACAN, J. *O seminário*, livro 6: *O desejo e sua interpretação*. (2013) Rio de Janeiro: Jorge Zahar Ed., 2016.

LACAN, J. *O seminário*, livro 7: *A ética da psicanálise*. (1986) Rio de Janeiro: Jorge Zahar Ed., 1988.

LACAN, J. *Le Séminaire*, livre 8: *Le transfert*. 2e édition. Paris: Seuil, 2001.

LACAN, J. *O seminário*, livro 8: *A transferência*. (1991) Rio de Janeiro: Jorge Zahar Ed., 1992.

LACAN, J. *O seminário*, livro 10: *A angústia*. (2004) Rio de Janeiro: Jorge Zahar Ed., 2005.

LACAN, J. *O seminário*, livro 11: *Os quatro conceitos fundamentais da psicanálise*. (1973) Rio de Janeiro: Jorge Zahar Ed., 1985.

LACAN, J. *O seminário*, livro 16: *De um Outro ao outro*. (2006) Rio de Janeiro: Jorge Zahar Ed., 2008.

LACAN, J. *O seminário*, livro 20: *Mais, ainda*. (1975) Rio de Janeiro: Jorge Zahar Ed., 1985.

LACAN, J. *O seminário*, livro 23: *O sinthoma*. (2005) Rio de Janeiro: Jorge Zahar Ed., 2007.

LACAN, J. *O seminário*, livro 24: *L'insu que sait de l'une bévue s'aile à mourre*. (17.05.1977) Texto estabelecido por Jacques-Alain Miller. In: *Ornicar?*, Paris, Navarin, n. 17-18, 1979, p. 22.

LACAN, J. A psicanálise e seu ensino. (1957) In: ___. *Escritos*. Rio de Janeiro: Jorge Zahar Ed., 1998, p. 438-460.

LACAN, J. A significação do falo. (1958) In: ___. *Escritos*. Rio de Janeiro: Jorge Zahar Ed., 1998, p. 692-703.

LACAN, J. De uma questão preliminar a todo tratamento possível da psicose. (1959) In: ___. *Escritos*. Rio de Janeiro: Jorge Zahar Ed., 1998, p. 537-590.

LACAN, J. Observação sobre o relatório de Daniel Lagache: Psicanálise e estrutura da personalidade. (1960) In: ___. *Escritos*. Rio de Janeiro: Jorge Zahar Ed., 1998a, p. 653-691.

LACAN, J. Subversão do sujeito e dialética do desejo no inconsciente freudiano. (1960) In: ___. *Escritos*. Rio de Janeiro: Jorge Zahar Ed., 1998b, p. 807-842.

LACAN, J. *Estou falando com as paredes*. (1972) Rio de Janeiro: Jorge Zahar Ed., 2011.

LACAN, J. La troisième. *Lettres de l'École Freudienne de Paris*, Paris, n. 16, nov. 1975, p. 178-203.

LACAN, J. 9e Congrès de l'École Freudienne de Paris sur "La transmission" (1978) *Lettres de l'École Freudienne de Paris*, Paris, v. II, n. 25, 1979, p. 219-220.

MAHJOUB, L. Hélène Deutsch, l'obsession et la jouissance féminine. *La Cause freudienne*, Paris, Navarin, n. 67, 2007, p. 75-85.

MANDIL, R. O falo e o real (O que se torna o falo, no final?). *Curinga*, Belo Horizonte, EBP-MG, n. 39, 2015, p. 183-188.

MANDIL, R. Conjunto vazio. *Opção Lacaniana*, São Paulo, Eolia, n. 66, ago 2013, p. 67-78.

MILLER, J.-A. O inconsciente e o corpo falante. *Scilicet O Corpo Falante*. Rio de Janeiro, EBP, 2016, p. 19-32.

MILLER, J.-A. *Perspectivas do Seminário 23 de Lacan, O Sinthoma*. Rio de Janeiro: Jorge Zahar Ed., 2010.

MILLER, J.-A. Introdução à leitura do Seminário *A angústia* de Jacques Lacan. *Opção Lacaniana*, São Paulo, Eolia, n. 43, 2005, p. 7-81.

MILLER, J.-A. *Perspectivas do Seminário 5 de Lacan*. Rio de Janeiro: Jorge Zahar Ed., 1999.

MILLER, J.-A. *O osso de uma análise*. Salvador: Biblioteca Agente, 1998.

MILLER, J.-A. *La experiencia de lo real en la cura psicoanalítica*. Buenos Aires: Paidós, 2003.

MILLER, J.-A. O sintoma como aparelho. *O sintoma charlatão*. Rio de Janeiro, Jorge Zahar Ed., 1998, p. 9-21.

MILLER, J.-A.; MILLER-ROSE, E.; ROY, D. Conversación nocturna con Jacques-Alain Miller. *Lacan Quotidien*, Paris, n. 698, 14-15.05.2017.

NAVEAU, P. O fantasma mente. *Opção Lacaniana*, São Paulo, Eolia, n. 11, nov. 1994, p. 24-25.

REICH, W. *Análise do caráter*. São Paulo: Martins Fontes, 1989.

SOLANO-SUAREZ, E. Névrose obsessionnelle et féminité. *La Cause freudienne*, Paris, Navarin Seuil, n. 24, 1993, p. 16-19.

TUDANCA, L. La obsesión, el amor y el fantasma. In: NAPARSTEK, F. *El fantasma, aún*. Buenos Aires: Grama, 2018, p. 161-178.

VITALE, F. De la pesadilla de la historia a los acontecimientos de cuerpo. Inédito.

SOBRE A AUTORA

Elisa Alvarenga é psicanalista, Analista Membro da Escola (AME) da Escola Brasileira de Psicanálise (EBP) e da Associação Mundial de Psicanálise (AMP). Foi Analista da Escola (AE) de 2000 a 2003. Médica Psiquiatra, tem Doutorado em Psicanálise pela Universidade de Paris VIII e foi Preceptora da Residência em Psiquiatria do Instituto Raul Soares (FHEMIG). Publicou *O conceito de psicose em Freud* (Editora Tahl) e vários artigos em Revistas do Campo Freudiano, da EBP e da AMP.

1ª edição [2019]

Esta obra foi composta em Mercury e Campton
sobre papel Pólen Bold 90 g/m² para a Relicário Edições.